AF384452

L K 11 20

DE L'APPLICATION

DE

L'AMNISTIE

DU 8 MAI 1837

AUX

CONDAMNÉS DE L'ILE BOURBON,

ET DU

MÉMOIRE DE M. HOUAT,

L'UN DES AMNISTIÉS.

PAR C.-O. BARBAROUX.

> L'amnistie politique est une mesure de pacification, un acte de haute clémence royale, qui, en remettant les peines, proclame l'oubli du passé, sans négliger les précautions pour l'avenir.
>
> Une telle mesure ne saurait souffrir aucun retard dans son exécution.
>
> (Rapport au gouverneur en conseil, 20 octobre 1837).

Paris,

IMPRIMERIE DE J. GRATIOT ET J.-B. GROS,

Rue du Foin-Saint-Jacques, n° 18, maison de la reine Blanche.

Dans la fâcheuse affaire des amnistiés de l'île Bourbon, j'ai dû me taire afin de ne pas gêner l'action de
l'autorité.

Mais maintenant, un plus long silence pourrait avec
raison m'être reproché, puisqu'il est en mon pouvoir
de jeter quelque jour sur un sujet si mal connu.

Les hommes de bonne foi jugeront mieux d'une
cause plus complètement instruite ; mes amis, dans
quelques rangs qu'ils soient aujourd'hui, reconnaîtront
une voix qui ne les a jamais trompés ; et l'autorité ap-
préciera si, dans le poste épineux qu'elle m'a confié, j'ai
trahi un seul instant mes devoirs envers la métropole
ou la colonie.

C.-O. BARBAROUX.

Août 1838.

---

* Journaux du 6 août et jours suivans.

DE L'APPLICATION

DE

L'AMNISTIE

DU 8 MAI 1837

AUX

CONDAMNÉS DE L'ILE BOURBON,

ET DU

MÉMOIRE DE M. HOUAT,

L'UN DES AMNISTIÉS.

I.

M. Timagène Houat et six autres hommes de couleur, de l'île Bourbon, ont été condamnés, le 3 août 1836, par la cour d'assises de Saint-Denis, les uns à la peine de la déportation, les autres à celle de la détention, comme auteurs d'un complot ayant les divers caractères indiqués en l'art. 91 du Code pénal.

Ils ont subi dans les prisons quatorze mois de leur peine, qui a cessé devant l'application aux colonies de l'amnistie du 8 mai 1837.

A leur sortie des prisons, ils ont été exclus de la colonie par arrêté du gouverneur, usant des pouvoirs extraordinaires que lui confère la loi, et ont été envoyés en France, sur leur demande.

Peu après leur arrivée, ils ont publié un *Mémoire* adressé à

M. le ministre de la marine, dans lequel ils réclament leur renvoi dans la colonie et une indemnité.

Ce *Mémoire* est un tissu d'erreurs de fait, la plupart volontaires, et d'injures graves contre la Justice, le Gouvernement local et moi. Il présente les amnistiés et la colonie sous un aspect tout-à-fait mensonger.

Je viens m'inscrire en faux contre ce libelle.

Ce mode d'explications publiques données par un fonctionnaire, est peu usité, je le sais ; mais pour le fait spécial auquel elles se rattachent, j'étais seul en position de les fournir. J'ai dû le faire.

Si le *Mémoire* nous avait seulement taxés d'erreur ou d'ignorance, s'il avait réclamé avec dignité contre une prétendue fausse application de la loi, je n'aurais pas pris la plume. Mais on nous accuse d'avoir trahi tous nos devoirs, d'avoir méconnu tous les sentimens de l'honneur et violé les droits les plus sacrés de l'humanité. Il ne s'agissait donc plus d'attendre une tardive justification, mais de démasquer un calomniateur.

II.

En général, nous connaissons peu les colonies et nous les jugeons mal. Les hommes de notre école constitutionnelle qui, pleins d'une sainte ferveur pour le développement des classes inférieures, vont visiter ces régions, y modifient bientôt non pas leurs principes, mais leurs idées sur le mode d'application de ces principes. Ils y acquièrent la conviction que cette noble et belle égalité politique de toutes les classes, objet de leurs vœux, n'y adviendrait pas brusquement sans des déchiremens intérieurs dont il serait impossible de calculer la gravité ou le terme. Ils reconnaissent, avec M. de Pradt, qu'il ne faut pas *bouleverser le tout en vue d'améliorer la partie**, bien que la société coloniale, vicieuse dans sa forme autant que dans son principe, doive subir une salutaire réforme.

---

* Quatre âges des colonies,

S'ils reviennent alors en Europe, on les croit changés **ou** séduits. La presse quotidienne qui, dans ses rapides allures, juge tout avec hauteur et pousse souvent les choses à l'extrême, parce qu'elle aime à se dessiner en relief, la presse les déclare, sans plus de façon, déserteurs du drapeau métropolitain ; elle les flagelle sans pitié, comme des esprits rétrogrades, ne se doutant pas qu'elle contribue ainsi à retarder le progrès dont ils hâtaient la naturalisation sous les tropiques.

Semblable chose m'est arrivée, et je ne me plains pas d'un fait presque inévitable. Je ne me plains pas même de la facilité avec laquelle certains de mes anciens amis ont pu croire que je me sois hérissé de préjugés coloniaux en passant l'équateur. Ce sont là des erreurs que tout homme public doit excuser dans un pays où la presse est appelée à guérir les blessures qu'elle fait.

Mais il est des sentimens dont on ne peut sans honte laisser supposer qu'on s'est dépouillé, parce que leur abjuration serait un crime ; je veux dire l'honneur de son nom, la probité politique ou judiciaire, l'amour de l'humanité.

Ces sentimens, une partie de la presse a cru sans examen que je les avais trahis ; elle l'a cru sur le témoignage d'un homme condamné par les tribunaux, d'un homme qui m'attaquait violemment pendant que j'étais à quatre mille lieues[*].

Mais il est vrai que, dans son libelle, on trouvait à la fois mêlés un fonctionnaire public, le Gouvernement et une colonie, et cette triple pâture valait bien qu'on immolât une réputation jusqu'ici sans tache.

On ne sait donc pas à Paris qu'un haut fonctionnaire métropolitain dans les colonies est une sentinelle avancée du progrès ? On ne sait donc pas qu'un Gouvernement colonial n'a qu'une mission de conciliation ; qu'une colonie a des lois qui ne sont pas toujours celles de la France, et des conditions d'existence sociale tout autres ? que ces choses compor-

---

[*] Le Mémoire publié par les amnistiés est du 10 mai. Je suis arrivé à Bordeaux le 7 juin, et à Paris vers le 20 du même mois. Ce n'est guère que trois semaines après que j'ai pu m'occuper d'affaires.

tent des règles de conduite qu'on juge mal par la simple théorie.

Un *homme de couleur* arrive qui se dit victime des préjugés , frappé par une Justice indigne de ce nom, proscrit par un Gouvernement persécuteur. On le croit aussitôt sur parole ; on admet que la Justice est corrompue , le gouverneur impitoyable , le ministère public infâme. Des hommes de haute position prennent en main la cause de la prétendue victime, et les amours-propres sont bientôt engagés assez avant pour ne plus reculer.

C'est au milieu d'un pareil concours de faits que je suis inopinément arrivé à Paris. Surpris autant qu'indigné de ce qui se passait , j'allais prendre la plume , lorsque je me suis aperçu que la presse était dupe d'une manœuvre qui n'est pas sans habileté ; qu'on espérait, à l'abri des coups qu'elle me portait , frapper plus sûrement au cœur . un pays où j'ai administré la justice pendant sept ans. Alors j'ai senti que je ne devais pas envenimer la discussion , contribuer à rouvrir une plaie qui saigne encore : je me suis tu.

Mais mon silence même a été calomnié, et l'on a traduit de nouveau l'acte du gouverneur de Bourbon au ban de l'opinion. On a voulu ramener en triomphe dans l'île, *dont ils voulaient faire, et par les mêmes moyens, un autre Saint-Domingue** , les funestes agens de la discorde. J'ai dû parler enfin.

III.

Nommé procureur général à l'île Bourbon , par ordonnance du 5 janvier 1831, en cette qualité membre du Gouvernement de cette île, j'y ai assisté à des évènemens qui , pour s'être passés sur un petit théâtre, n'en ont pas moins eu leur gravité relative. En 1831 l'abolition complète de la traite qui depuis n'a pas donné lieu à une seule poursuite ; la même

---

* Expressions d'un journal qui a rendu compte de l'affaire.

année la libération de trois cents noirs de l'atelier colonial et l'absolue égalité entre les blancs et les gens de couleur déjà en partie opérée par le fait ; en 1832 l'ordonnance d'affranchissement qui a amené trois mille libérations ; la même année une révolte d'esclaves ; en 1833 l'établissement du régime constitutionnel (loi du 24 avril) et toutes les premières expérimentations du système représentatif ; en 1834, 1835, 1836, 1837, une lutte parlementaire qui s'est terminée par la dissolution de l'assemblée législative ; dans le même intervalle la législation presque entièrement refondue , et , par-dessus tout, la fusion des classes blanche et de couleur cimentée , l'adoucissement graduel , mais rapide, de la condition de esclaves réalisé : voilà les phases principales que le Gouvernement local a traversées et dans lesquelles j'ai toujours été l'un de ses organes, et souvent l'agent responsable. Ces choses m'ont peut-être donné un peu d'expérience de la matière , un peu d'autorité quand je parle des hommes auxquels j'ai eu affaire.

Chargé par mes fonctions de tout ce qui concerne les esclaves et de la police de répression, tant à leur égard qu'à celui des maîtres, on sent que j'ai dû rencontrer souvent des abus, et parfois des répulsions irréfléchies. Je les ai abordés sans prévention , sans emportement, mais sans faiblesse, comme des nécessités de temps et de lieu, et j'en ai souvent triomphé. Cependant j'étais alors attaqué avec acharnement dans la colonie comme un ennemi, comme le représentant actif des doctrines métropolitaines, par quelques hommes à fâcheuse influence, qui avaient rêvé *le statu quo* en matière d'esclavage , et la presque souveraineté de l'assemblée législative du pays.

On voit que là j'avais trouvé la prévention précisément inverse de celle que je rencontre ici.

C'est à travers de telles circonstances que je suis arrivé à l'événement qui fait la matière de cet écrit, je veux dire le procès HOUAT et consorts.

Ce que je viens de dire de moi, je pourrais le dire du Gouvernement local. Composé d'hommes aussi modérés qu'ils sont estimables par leurs lumières et leur attachement à leurs devoirs, il n'a eu qu'une seule pensée, une seule intention dans l'affaire des amnistiés de Bourbon, celle d'allier les droits de l'humanité avec les besoins de l'ordre public dont le maintien était confié à sa responsabilité. Il a mérité et obtenu la reconnaissance de la majorité du pays, les éloges du ministère. J'ose dire qu'il avait droit aux félicitations de la presse française.

Mais, pour cela, il ne faudrait pas que celle-ci, entraînée par des penchans, qui, tout généreux qu'ils sont, ne devraient pas être aveugles, jugeât du fond d'une question et de la justice d'une cause par la couleur de celui qui fait un appel à son influence. Un mulâtre et même un nègre peuvent quelquefois avoir tort ; ils peuvent commettre un crime, être amnistiés, et même devenir de vils détracteurs. Ils peuvent abuser la presse, tromper des hommes de bonne foi, et faire avec leur concours un mal irréparable. Aussi, lorsqu'une cause arrive de si loin, on ne saurait trop l'examiner sous toutes ses faces avant de se prononcer.

Qu'on ne s'y trompe pas ; le pouvoir et ses agens que l'on accuse souvent ici de rétrogradation, sont, dans les colonies, en avant des populations. Pour celles-ci, la question politique ne ressemble en rien à celle de France. Ici il s'agit d'un ministère, là de l'existence. On concevra dès lors que la discussion y ait d'autres allures, qu'il ne faut pas juger trop sévèrement.

Après ce préliminaire essentiel, on m'excusera si, dans ce qui va suivre, je ne me place pas précisément au point de vue de l'opinion qui m'a attaqué dans les journaux.

IV.

La classe, autrefois dite de couleur, forme à Bourbon à peu près le quart de la population libre. Elle ne possède pas le vingtième des terres ; pas au-delà du huitième des esclaves ; elle est, comparativement, moins éclairée que ne sont les blancs ; les mariages réguliers, quoique beaucoup plus fréquens aujourd'hui, n'y sont pas en proportion des masses et des sexes. Ces circonstances, jointes à l'ancien préjugé colonial, qui cépendant s'affaiblit chaque jour, la placent dans une position d'infériorité incontestable et toute naturelle. Aussi, Bourbon avait-il été jusqu'ici exempt de ces discordes qui ont agité si souvent et si profondément d'autres colonies où la classe de couleur, plus riche, plus nombreuse et plus avancée, avait d'autres exigences. A Bourbon, les mulâtres se résignaient sans murmurer à un rôle encore secondaire, et les blancs faisaient d'honorables efforts pour les relever. Les premiers formaient, dans la milice, des compagnies réputées par leur dévoûment à l'ordre public. Tout danger ne pouvait venir que des esclaves, et, à leur égard, les deux parties de la population libre ne formaient qu'une masse homogène.

Lorsqu'en 1831 l'ordonnance du 24 février abolit, pour les hommes de couleur, toutes les dispositions restrictives de la jouissance des droits *civils*, la colonie, qui voyait se réaliser le vœu formel de son Conseil général de 1828, accueillit avec plaisir ce commencement d'une ère d'égalité. Ce que je dis ici, je l'ai vu, je l'affirme.

Plus tard, lorsque la deuxième loi du 24 avril 1833 confirma d'une manière plus large la complète égalité *civile* et *politique* des deux classes, on ne put découvrir la moindre trace de regret ou d'envie dans la population blanche. A cette époque, les enfans de couleur furent admis dans les écoles avec les enfans blancs. Il en est un, le jeune Marcel, qui, à un seul concours, a remporté sept prix, et qui marchait de pair avec le fils du trésorier et celui du président du Conseil colonial.

Aux élections de 1834, un gage inespéré de sympathie fut donné à la population de couleur. Elle comptait au chef-lieu cinquante électeurs environ, sur un collège de plus de deux cents membres. M. Perrier, sorti de son sein, fut élu au Conseil colonial, et il y a siégé jusqu'à la dissolution de 1837.

Il est permis à des esprits mal faits de dire que ce fut là un acte de politique *intéressée*. Avec de pareils raisonnemens on flétrit tout ce qui est bien : on flétrirait l'amnistie elle-même. Quoi qu'il en soit, le fait restera.

Tout marchait donc d'une manière satisfaisante vers la fusion des classes. Je dois ajouter que, pour tout ce qui se rattache à l'émancipation des esclaves, la population de couleur partageait les vives inquiétudes des colons blancs, et s'associait sans arrière-pensée à leurs répugnances pour des mesures trop hâtives et qui n'offriraient pas toute sécurité pour l'avenir.

Tel était, et mes souvenirs ne me trompent pas, l'état des esprits et de l'opinion à Bourbon, lorsque certains écrits venus d'Europe, où l'on peignait la classe de couleur comme opprimée, furent distribués dans le pays et y firent germer les premières agitations.

Je ne fais ici ni l'examen de la *Revue des colonies*, ni la censure des opinions ou écrits publiés dans un sens plus ou moins rapproché de ce journal ; je me borne à consigner ce fait qu'ils éveillèrent à Bourbon des prétentions prématurées et des espérances endormies, et qu'ils provoquèrent ou donnèrent l'occasion de provoquer, plus ou moins directement, les deux classes à la désunion. Des esprits ardens et dépourvus de lumières, que blessaient les supériorités de tout genre, s'emparèrent de ces premiers fermens. Quelques incidens de second ordre servirent leur mauvais vouloir ; mais ils échouèrent auprès de toutes les sommités et de l'immense majorité de la classe de couleur.

V.

C'est au milieu de ces circonstances qu'un homme ignoré, sans consistancce, sans propriétés, sans état, mais que poussaient un esprit exalté et des prétentions excessives, le sieur *Timagène Houat*, s'imagina que le temps était venu de délivrer la colonie du *joug européen*, de la *tyrannie des blancs*, et d'y faire passer tout d'un coup les propriétés, l'influence et le pouvoir entre les mains des hommes de couleur, dont il espérait modestement s'établir le chef. Il reconnut bientôt que ces fausses idées ne trouveraient pas de sympathie chez tout ce qui, dans sa classe, avait la moindre raison ou un peu de lumières. Il s'adressa alors à quelques nouveaux affranchis, à quelques ouvriers libres, et là l'espoir d'acquérir beaucoup, la certitude de n'avoir rien à perdre, et surtout une profonde ignorance, donnèrent un plus facile accès à ses propositions. Mais il sentit qu'avec de pareils élémens il ne pouvait absolument rien. Le premier pas était fait dans la voie mauvaise : il fit le second. Il s'adressa aux esclaves. A ceux-là, il n'était pas nécessaire de parler d'influence, de pouvoir, ni de propriété, mais d'une liberté immédiate, sans travail, et acquise par le pillage et l'extermination des maîtres : ce dernier degré fut franchi. Il ne s'agissait plus que d'exécuter, et c'est de quoi le chef de l'entreprise s'occupa sans relâche.

Au mois de décembre 1835, ces projets s'étaient formulés en un complot qui, comme on le voit, n'avait qu'accessoirement le caractère politique, mais qui avait pour but une sanglante révolution sociale. Enfin ce complot était entièrement ourdi ; le signal de l'incendie et du massacre était attendu par les esclaves ; le rendez-vous général des chefs était donné chez Timagène Houat, quand tout fut découvert, les 12 et 13 décembre 1835.

Comme procureur général je fus investi des poursuites à faire. Au milieu des inquiétudes qui agitaient si fort les esprits et qui même eurent du retentissement en Europe, au milieu des défiances mutuelles qui surgirent parmi les colons, le Gouvernement local eut assez de prudence, la Justice eut assez de calme et de sagesse, j'eus assez de bonheur pour conduire à son terme ce déplorable procès, sans que le pays devînt le théâtre d'aucune violence. La prévention comprenait trente-un individus, l'instruction fut faite par deux magistrats dont la capacité, le caractère et le talent sont choses proverbiales, M. Bussy de Saint-Romain, procureur du roi, et M. Filhol, juge d'instruction, aujourd'hui juge sur le continent. Vingt des prévenus furent renvoyés aux assises, sur les conclusions à peu près conformes du juge d'instruction, du procureur du roi, et du procureur général. Dans une affaire qui touchait à tant d'individus et à tant d'intérêts, au moyen d'un personnel restreint par cette double circonstance, le jour d'assises fut d'autant plus difficile à constituer que les plus minutieuses règles de la procédure criminelle y furent religieusement observées. Cent vingt-quatre témoins furent entendus, parmi lesquels un grand nombre d'amis du sieur *Houat*, principal accusé. Rien de ce qui était favorable à la défense ne fut omis. Plus de trente témoins à décharge furent appelés par le ministère public, sur les indications des accusés. A l'audience, le procureur général traita avec une profonde indignation le nommé Floricourt, complice et premier révélateur du complot, le nommé Fomboisy qui, par une lettre supposée, avait cherché à aggraver le sort des accusés * ; le nommé Harel, dont les premières déclarations avaient le caractère d'une trahison, et qui finit par prouver de la vérité de la plus importante **.

Les neuf défenseurs, qui se conduisirent avec un admirable dévoûment, rendirent hommage à l'impartialité du ministère public, et je puise dans la plaidoirie de M⁰ Sigoyer, avocat de Houat, ces phrases qui répondent à toutes les allégations de son client :

« Nous devons rendre justice à la loyauté et à l'impartialité
« de M. le procureur général. Dans son exposé et son réqui-
« sitoire, il a présenté et analysé, avec tout le calme qui con-
« vient à sa dignité, les charges qui pèsent sur les accusés,
« et il n'a pas cherché à dissimuler tout ce qui éta t favorable
« à la défense.

« M. le procureur général vous l'a dit, Messieurs, et nous
« lui rendons grâce de cette parole profonde : *Justice et Poli-
« tique sont deux ***.* »

A Bourbon, la presse n'est pas encore libre. En matière judiciaire, la censure est exercée par le procureur général. M. Dumoutier, sténographe du Conseil colonial, jeune homme d'une loyauté connue, voulut reproduire les débats ; il y fut autorisé, à l'expresse condition que nul n'aurait le droit d'en retoucher la rédaction. Son travail forme un volume de 570 pages, grand in-8⁰ ****. Le Gouvernement local

---

* Voir la lettre A aux *éclaircissemens et notes.*
** Voir la Relation imprimée, page 143.
*** Page 223, Relation imprimée.
**** Saint-Denis, imprimerie de Lahuppe.

pensait que, sur une telle affaire, la vérité ne saurait trop être connue. Que ne dirait-on pas aujourd'hui, s'il s'était opposé à cette publication ?

Enfin, après 21 jours de débats, un verdict UNANIME déclara une partie des accusés coupables de *complot ayant pour but de porter la dévastation, le massacre et le pillage dans la colonie, et d'exciter la guerre civile en portant les habitans à s'armer les uns contre les autres, avec acte commis ou commencé pour en préparer l'exécution* *.

En conséquence *Timagène Houat* artiste; *Jean Marie Lamour*, cordonnier; *Jean-Pierre Catherine*, cordonnier, et *Joseph Chryseuil*, cordonnier, furent condamnés à la déportation.

Élie-Chéri Ferrié, charpentier; *Jean-Baptiste Marcelin*, charpentier, et *Jolimont Bonhomme*, forgeron, le furent à cinq années de détention.

On sait qu'aucun lieu de déportation n'existe encore. La loi veut ** que cette peine et celle de la détention soient subies dans une forteresse. Les condamnés furent donc mis à la disposition du Gouvernement du roi, et provisoirement détenus dans un petit fort appelé la Redoute, sous la surveillance de l'autorité civile. Dès ce moment le procureur général cessa d'avoir aucune juridiction directe sur eux. Ils séjournèrent quatorze mois dans ce lieu.

Lorsque l'amnistie du 8 mai 1837 fut déclarée applicable aux colonies, par décision du roi du 18 juin, un arrêté du gouverneur leur interdit le territoire de l'île. Ils voulurent passer en France : ils y ont été conduits aux frais de l'État.

Quelques honorables députés se sont intéressés en leur faveur, pensant qu'on leur avait fait une fausse application de la loi. Mais en accolant la note de ces députés au *Mémoire* qu'ils ont publié, les amnistiés ont surpris la bonne foi de plusieurs écrivains ; car personne à la Chambre, j'ose le croire, n'aurait voulu garantir leur innocence, ni s'associer à leur libelle ; tandis que tout le monde a voulu que l'amnistie eût son effet. Je proûverai bientôt qu'elle l'a eu, et que MM. Houat

---

* Art. 45 et 47 de la loi des 28 avril 1832 — 22 juin 1835 ;— 89 et 91 du Code pénal.

** Articles 17 et 20 Code pénal, loi des 28 avril 1832 — 22 juin 1835.

et consorts n'ont pas été *déportés au mépris* de l'acte royal du 8 mai.

M. Houat ne se contente pas, dans sa brochure, d'attaquer la décision du gouverneur, qui l'exclut de la colonie, bien que ce soit l'objet apparent de son *Mémoire*. Il remonte plus haut; il se pourvoit auprès de l'opinion publique contre l'arrêt qui l'a condamné; il cite à ce tribunal le principal organe du ministère public.

Lorsqu'il a jeté son pamphlet dans Paris, il savait bien que personne n'irait chercher dans la relation imprimée du procès la contre-épreuve de ses assertions. Il ne pensait pas que j'arriverais en France assez tôt pour faire connaître la vérité. Il comptait sur les distances pour assurer le triomphe de la calomnie.

VI.

Son grief principal est pris de sa position d'homme de couleur, qualité qu'il sait devoir exciter en France un vif intérêt. Il représente sa classe comme vouée à une répulsion profonde dans son pays, comme frémissante sous un joug exécré. Il peint le Gouvernement local, la Justice et moi-même, comme ayant poursuivi, condamné et ensuite proscrit des innocens, pour obéir aux terreurs imaginaires des colons, et il diffame à la fois son pays, la Justice, le parquet et l'administration.

Ce que j'ai dit plus haut (§ IV) suffirait peut-être pour faire juger de la situation réelle de la classe de couleur à Bourbon. Elle était sans griefs sérieux contre la classe blanche, comme celle-ci sans préventions enracinées contre elle. Il ne pouvait naître de leur position respective ni entreprise violente d'un côté, ni, de l'autre, volonté de persécution. J'ai fortement dessiné, dans mes réquisitoires du procès Houat, cet état des choses et des esprits, afin que nul ne se méprît sur le caractère du fait incriminé.

J'ai dit dans mon premier réquisitoire * :

---

* Page 181 de la Relation imprimée.

« La première de toutes les vérités, celle qu'il faut que nous
» disions bien haut, parce qu'il faut qu'elle aille loin et qu'elle
» plane sur la colonie, c'est qu'il ne faut pas se méprendre à
» l'apparence des faits dont nous sommes les témoins; c'est
» que la population de couleur n'a point pris part à ces me-
» nées, et que la saine partie de cette population est restée
» avec nous dans la plus parfaite union. »

J'ai dit dans ma réplique * :

« Aussi, Messieurs, avons-nous profondément séparé cette
» classe des hommes égarés et pervers que nous poursui-
» vons. »

Je pourrais citer encore **.

Voilà mes sentimens, voilà ceux de la Justice et du Gouvernement sur la classe de couleur. Ils n'ont pas varié chez moi
malgré les calomnies de M. Houat; ils ne varieront pas malgré
les attaques de la presse.

Eh bien, M. Houat, dans son *Mémoire*, se tait sur tant de
solemnelles déclarations, et, niant l'évidence, il ose dire qu'en
lui c'est la classe de couleur qu'on a voulu frapper. Sans mandat, il se déclare le représentant et l'expression d'une classe
qu'il avait en grande partie enveloppée dans ses projets d'extermination et qui le maudit maintenant pour le désordre irréparable qu'il a porté dans la famille coloniale.

Et il serait cru sur parole par des écrivains auxquels il se
présente revêtu d'une feinte candeur, d'une mensongère au-
réole d'immolation judiciaire, de proscription administrative?
Il apitoierait les uns, donnerait le change à la bonne foi des
autres, et se jouerait de tous !

Non, il n'en sera pas ainsi. Tout le monde voudra aborder
avec moi ce *Mémoire* dont chaque ligne est empreinte du
triple sceau de l'ingratitude, de la calomnie et de l'ignorance.

Je me plains avec raison de ce que M. Houat dénature mes
opinions, de ce qu'il tronque mes paroles. Du moins, en re-
produisant en entier son *Mémoire*, je m'épargnerai le même
reproche de la part de mes lecteurs.

---

* Page 314 de la Relation imprimée.
** Lettre B, aux éclaircissemens et notes.

MÉMOIRE

POUR

LOUIS TIMAGÈNE HOUAT,

ET

POUR SES COMPAGNONS D'INFORTUNE, TOUS HOMMES DE COULEUR,
ILLÉGALEMEMT DÉPORTÉS DE L'ILE BOURBON,
AU MÉPRIS DE L'AMNISTIE ROYALE DE 1837.

1. — Houat (Timagène), propriétaire, *électeur* ;

2. — Ferrié (Élie-Chéri), *propriétaire* ;

3. — Jolimont (Pierre-Louis), *propriétaire* ;
Tous trois hommes de couleur, domiciliés à St-Denis, île Bourbon,

4. — Et Marcelin (Jean-Baptiste), homme de couleur, *propriétaire* à St-André, même colonie.

Les quatre actuellement résidant à Paris, rue Coquillère, n° 33, agissant tant pour eux que pour :

5. — Chryseuil (Joseph) ;

6. — Catherine (Jean-Pierre);

VII

EXPLICATIONS

ET

RÉPONSE AUX FAITS ÉNONCÉS

DANS LE

MÉMOIRE.

1.—Sur la provocation des délégués , vérification a été fait au ministère, des listes électorales depuis leur origine , c'est-à-dire depuis 1832. M. Houat n'y figure pas. Dans le procès, il s'était donné la qualité d'*artiste*. Le fait est qu'après avoir été commis chez M. Bret, curateur aux biens vacans et syndic des Indiens , M. Houat était devenu copiste de musique et donnait quelques leçons de cet art.

2.—Élie Chéry a été affranchi par la demoiselle Marie-Gertrude Monique, le 30 janvier 1834. Je lui ai alors donné le nom de Ferrié. Il n'est pas propriétaire , et exerçait l'état de charpentier. Il ne savait alors ni lire, ni écrire *.

3.—Jolimont dit Bonhomme n'est pas propriétaire. Il était ouvrier forgeron et a travaillé long-temps chez M. Gavoty, fondeur et machiniste.

4. — Marcelin, affranchi **, n'est pas propriétaire. Il était charpentier et ne sait que très imparfaitement écrire.

5.—Chryseuil n'est pas propriétaire. Il était cordonnier à Saint-Denis ; et comme à peu près toute la cordonnerie employée à Bourbon vient d'Europe, on pourrait, sans blesser la vérité, désigner son industrie par un autre nom.

6. — Même note que le précédent.

---

* Voir au Bulletin officiel de 1834, mois d'août, page 174.
** Ce fait est consigné à la page 114 de la Relation imprimée.

7. — Et Lamour (Jean-Marie);

Hommes de couleur, *propriétaires* et domiciliés à Bourbon, actuellement en résidence à Bordeaux.

Tous sept *arbitrairement déportés* de la colonie de Bourbon, *au mépris de l'amnistie* à eux accordée par la décision royale du 18 juin 1837 ;

Se pourvoient auprès de vous, Monsieur le ministre, en conformité de l'article 77 de l'ordonnance réglementaire du 21 août 1825, pour obtenir :

1° — L'annulation de l'arrêté de M. Cuvillier, ex-gouverneur de l'île Bourbon, rendu en conseil privé le 20 octobre 1837, qui les exclut pour sept années de leur patrie.

2° — Les justes réparations qui doivent en être la conséquence, c'est-à-dire la faculté de retour dans leur pays et les indemnités qui leur sont dues pour une détention illégale, prolongée après l'ordonnance d'amnistie; pour les tort causés à leurs personnes et à leurs propriétés, et pour leur assurer des moyens d'existence.

8. — La colonie de Bourbon, si fière de la bonne harmonie qui avait existé de tout temps entre la population de couleur et la population blanche, *qui, par l'organe de son Conseil colonial, avait exprimé, après la révolution de juillet, ses sympathies pour l'infortune de Bissette, Fabien et Volny*, et s'était associée à l'universelle réprobation dont la condamnation de ces trois enfans des Antilles françaises avait été l'objet en 1824, a vu consommer dans son sein une de ces grandes injustices qui laissent après elles des traces ineffaçables.

9. — Elle a vu le fils du célèbre et infortuné Barbaroux, victime lui-même des proscriptions, intenter, en qualité de procureur-général, une accusation *presque capitale* contre des jeunes gens *à lui signalés comme l'élite de la classe de couleur*, pour un prétendu complot tendant à armer les citoyens les uns contre les autres.

10. — *Cette poursuite a été suscitée*, rien n'est plus évident, par les écarts même du réquisitoire, où l'on a osé mêler, pour le traiter avec dédain, le nom d'un député qui avait, au nom

7. — Même note. Il tenait échoppe aux abords de la rivière du Mât.

8. — On a vu plus haut (page 9, — IV) que dès 1828 le Conseil général de l'île Bourbon, et non le Conseil *colonial* *, avait demandé l'égalité des droits pour les hommes de couleur. Mais jamais, avant ou après 1830, le Conseil général, ni le Conseil colonial, ne se sont occupés de l'affaire Bissette et n'ont exprimé des sentimens favorables ou contraires à ses malheur.

9. — *L'élite !* voir les numéros 1 à 7 de la réponse , et plus loin 18 du *Mémoire*.

M. Houat a tort de dire qu'une accusation *presque capitale* lui a été intentée. A l'époque des premières poursuites, la loi des 28 avril 1832 — 22 juin 1835 n'était pas encore promulguée, et l'action était tout-à-fait capitale. Heureusement cette loi plus humaine a été mise en vigueur assez à temps pour pouvoir être appliquée aux condamnés.

10. — On a vu plus haut (page 11, — V) pour quels motifs cette poursuite fut exercée.

---

* Ces deux institutions sont bien différentes. La première assemblée n'était que consultative, la seconde est consultative pour certaines matières, et législative pour toutes les autres (loi du 24 avril 1833).

de la population de couleur, promis au gouvernement un appui très nécessaire dans l'œuvre difficile de l'émancipation.

§ I. *Parce que ces jeunes gens, et Timagène en particulier, ont fait échouer les tentatives avouées par le procureur général, pour obtenir un désaveu de la part de la classe de couleur;*

§ II. *Parce qu'ils n'ont pas dissimulé leurs sympathies pour cette émancipation, et que leurs discours et leurs actes étaient d'accord avec la pensée de quelques notabilités coloniales*, et des bons citoyens qui ne méconnaissent ni la justice, ni la prochaine opportunité de son exécution;

Mais néanmoins il convient d'examiner les *motifs* supposés par M. Houat, dans l'ordre où il les présente.

§ I. Une protestation ou un désaveu fut rédigé en 1836 contre l'assertion d'un député qui, parlant en faveur de l'é-mancipation des noirs, avait, dit-on, laissé entendre qu'il était à cet égard l'organe des hommes de couleur de Bourbon. Cette pièce fut retirée par les soins de l'autorité. Il n'a jamais été à ma connaissance que M. Houat ait rien fait pour con-trarier nos soins à cet égard. Rien dans le procès n'indique qu'on l'en ait même soupçonné. Cette pièce circulait dans un autre arrondissement que celui où il résidait.

Une autre pièce, rédigée dans un sens contraire, fut col-portée dans l'arrondissement Sous-le-Vent. Elle articulait, en style fort incorrect, les mêmes griefs que fait ici valoir M. Houat contre la classe blanche. Elle fut retirée par les soins des hommes de couleur les plus influens et les mieux placés.

§ II. Pendant tout le procès rien n'a fait connaître la *sym-pathie* de M. Houat pour l'*émancipation* légalement pratiquée; on verra tout à l'heure comment il l'entendait.—Seulement l'un des co‑accusés, Lamour, a donné à ses explications et à sa défense un tour qui se rapproche de cette donnée. Il a pré-tendu que la réunion qui devait avoir lieu à Saint-Denis, le 14 décembre, chez Houat, avait pour objet de se présenter en force à l'hôtel du Gouverneur pour y faire proclamer l'émancipation*. Mais tous les témoignages ont démenti l'as-sertion de Lamour. Le nommé Maguite, *l'un des prévenus* mis hors de cause par la chambre d'accusation, est le seul qui ait, comme témoin, soutenu la version de Lamour.

Il est impossible de retrouver, dans l'instruction écrite, si soigneusement faite par un juge à la vertu duquel M. Houat lui-même a rendu hommage, la trace de ce vœu pour l'*éman-cipation*, et de cet accord de pensée avec *des hommes notables* du pays dont M. Houat se targue ici. Oui, tous les hommes véritablement notables y sont préparés à l'émancipation, mais il n'en est pas un qui ne se soit épouvanté de la manière dont M. Houat l'avait imaginée et entreprise.

---

* Pages 11 et 183 de la Relation imprimée.

§ III. Elle a été suscitée *parce qu'ils se plaignaient à juste titre de leur exclusion de tous les emplois publics , même des plus subalternes, et des réceptions officielles des autorités.*

§ IV. Elle leur a été suscitée *parce qu'ils correspondaient avec l'Europe.*

§ V. Elle leur a été suscitée *parce qu'ils voyaient que la loi du 24 avril 1833, qui a créé les droits politiques des hommes de couleur, était pour eux une lettre morte; le seul homme de leur classe qui soit entré dans le Conseil colonial n'ayant reçu cet honneur que par la protection des blancs* *.

---

* Aux élections de 1837, les colons n'ont pas fait la même concession ; aucun homme de couleur n'est entré dans le conseil.

§ III. M. Houat se plaint ici d'une exclusion qui n'existe réellement pas.

Si la carrière des emplois publics n'est pas encore ouverte aux hommes de couleur de Bourbon, cela résulte de la situation que j'ai fait connaître plus haut. Mais elle se modifie chaque jour, et cette carrière ne peut tarder de s'ouvrir pour ceux de leurs enfans qui auront fait de bonnes études. Et, comme les études ne sont pas aussi indispensables pour les grades dans les milices, les épaulettes sont déjà portées avec honneur par beaucoup de mulâtres. Il n'est pas une réception officielle où ces Messieurs ne figurent ; la couleur ne pouvant être un titre d'exclusion chez le représentant du roi. Non seulement la chose n'est pas, mais encore elle est d'une invraisemblance frappante. En effet, à défaut des motifs que je viens d'indiquer, le besoin de rattacher cette partie toute virile de la population au Gouvernement la ferait plus attentivement appeler à toutes les réceptions officielles.

Mais il ne faudrait pas se faire, pour cela, d'un droit et d'une convenance d'égalité un titre de préférence pour des prétentions exagérées ; et c'est ce qui a eu lieu plusieurs fois. — Voir lettre C aux *éclaircissemens*.

§ IV. Je défie que dans tout le cours du procès on trouve une phrase qui indique que l'on ait même soupçonné M. Houat d'être *en correspondance avec l'Europe*. Et quant à ses complices, il suffira de dire qu'un seul savait très imparfaitement écrire. Comment aurait-on pu faire un grief aux accusés d'une chose qu'un seul aurait pu faire et que tout le monde a ignoré qu'il eût faite.

§ V. Quant à la *lettre morte*, voyez ci-dessus § III, la page 9, § IV et la note B aux *éclaircissemens*. J'ai parlé au même lieu de l'élection au Conseil colonial d'un homme de couleur. C'est en faveur de la fusion des classes que la chose fut faite. Que pouvait désirer de mieux M. Houat ? Il rappelle dans la note du bas de la page qu'il n'en fut pas de même en 1837. A qui la faute, si ce n'est à ses criminelles menées, qui ont fait rétrograder pour long-temps l'avènement complet de la classe de couleur ?

§ VI. Elle leur a été suscitée, *parce qu'ils se sont réunis pour porter leurs plaintes au gouverneur du refus fait par une compagnie de blancs de la milice de St-Denis , de reconnaître en qualité de sous-lieutenant le sieur Lacaussade , nommé à ce grade dans la compagnie n° 4 **.

§ VII. Elle leur a été suscitée ; enfin, *parce qu'il existait dans le Conseil colonial , alors présidé par M. Testart,* dont la renommée est devenue européenne, *un parti exalté* qui voulait imposer silence absolu sur toutes les questions coloniales, qui était en opposition déclarée avec la métropole, qui rédigeait des protestations audacieuses contre le pouvoir dont l'autorité législative de la France a justement usé par la loi du 4 mars 1831 , en faveur des esclaves introduits en violation des lois abolitives de l'odieux trafique de la traite ; qui menaçait de rompre le contrat avec la métropole, et qui a soutenu cette opposition fâcheuse jusqu'au moment où le gouvernement, en vertu de sa prérogative, l'a frappé par la dissolution du Conseil colonial, et en faisant appel aux colons sages et humains qui forment la partie la plus nombreuse, sinon la plus agissante de la colonie.

Ce parti a d'ailleurs témoigné toute l'ardeur des passions qui le dominaient , *en provoquant après notre arrestation la formation d'un tribunal exceptionnel,* de ces cours prévôtales qui ont laissé en France et à la Martinique des souvenirs sanglans.

On a résisté sans doute à cette provocation ; on n'ignorait pas à Bourbon que le département de la marine avait , même sous la restauration , mis fin à l'existence de ces cours ter-

---

* Une compagnie d'artillerie a refusé de reconnaître un auutre officier par cela seul qu'il exerçait son grade dans une compagnie de couleur. Le gouverneur a été obligé de la dissoudre.

§ VI. Je ne connais pas assez l'affaire de M. Happy-Lacaussade pour en donner ici le récit exact ; mais je puis affirmer que les officiers de couleur ont toujours été reconnus sans difficulté.

Quant à celle dont il est question dans la note n° 1 du bas de la page, M. Houat la dénature. Il ne s'agissait pas de *reconnaître* un officier. C'est pour avoir refusé d'obéir à un blanc, M. Gamin, capitaine de la compagnie d'artillerie n° 1, et le plus ancien officier du grade, que la compagnie n° 2, composée des jeunes gens les plus riches de Saint-Denis, fut dissoute par arrêté du gouverneur, au sortir même de la revue.

§ VII. D'après M. Houat, ce serait pour *complaire à un parti* qu'il a été l'objet d'une poursuite criminelle, et c'est le Gouvernement et moi qui avons été les instruments de cette infâme complaisance !

Disons d'abord que M. Houat, cette célébrité du procès, avait été jusque là inconnu à tous les membres du Conseil colonial. Ses *amis* l'étaient peut-être plus encore. Si l'on avait eu des griefs à relever contre leur classe, serait-ce à eux qu'on se serait adressé ? Dans tout ce qui s'était passé depuis six mois n'y avait-il personne de signalé pour son exaltation ? Quelqu'un de ceux-là a-t-il été poursuivi, ou bien a-t-on imputé à M. Houat aucun de leurs actes ?

Mais loin que le parti indiqué ait exercé sur nous de l'influence, la collection des procès-verbaux du Conseil colonial porte à toutes ses pages les traces profondes du dissentiment qui existait entre ce parti et le Gouvernement local. La présidence de son chef n'a été pour nous qu'une longue lutte, et l'on m'oblige à dire ici que j'en ai été un des principaux acteurs à la tribune. C'est la malheureuse direction de ce parti qui a amené la dissolution du Conseil par le Gouvernement, dont j'étais membre. L'assertion de M. Houat est donc tout-à-fait monsongère.

Mais, au surplus, où serait notre tort, si, comme il le dit, nous *avons résisté* aux provocations qu'il prétend avoir été faites ? Où serait le mien en particulier d'avoir *combattu* l'idée d'une *justice exceptionnelle ?* Il fallait, ajoute-t-il, *les prendre,* lui auteur du complot et ses co-accusés, *sous ma protection,* et ribles qui prononçaient des peines sans déclarer le fait capital [*], et que les bourreaux eux-mêmes refusaient d'exécuter [**].

Mais le procureur-général *a-t-il fait assez en combattant cette justice exceptionnelle? Le devoir du fils de Barbaroux n'était-il pas de prendre sous sa protection des innocens*, les frères de cet Ogé dont son père à lui Barbaroux avait consacré le malheur ne lui donnant le nom de ce mulâtre [***]?

11.—Était-ce assez que de venir dans nos prisons *s'excuser des rigueurs dont il était l'organe*,

S'autoriser des défiances que le parti exalté nourrissait contre lui,

Et de la violence que lui avaient faite quelques blancs de Saint-André, en prenant l'initiative des arrestations, pour dire qu'il a eu la main forcée?

---

[*] En 1837 il existait encore dans les bagnes de France, à Rochefort, un condamné de cette catégorie, dont l'arrêt était demeuré inconnu. Sitôt qu'il fut connu, on en vit toute la monstruosité légale, et on remit en liberté celui qui avait été condamné sans être coupable.

[**] Procès de la négresse Lambert (Mémoires pour les hommes de couleur).

[***] Voir la note D aux *éclaircissemens*.

cela parce que mon père m'a donné le nom d'un homme de couleur, victime de son dévouement à son pays. — Mais qu'a de commun la destinée d'Ogé, qui mourut pour son pays et pour ses frères, avec la vôtre qui avez voulu vouer les vôtres au meurtre ?—D'après l'opinion que j'ai conçue de vos projets, les preuves que j'en ai eues, ce nom aurait dû m'inspirer une violente aversion pour vous. C'est aussi à cause de lui que j'ai dû être plus scrupuleux observateur de mes devoirs, et que je les remplirais encore contre tout homme, blanc, noir ou de couleur, qui, comme vous, menacerait le pays par le fer et par le feu. Mais une innocence même douteuse aurait eu en moi un inébranlable appui. — Malheureusement la vôtre n'avait pas auprès de moi même l'avantage d'un doute.

Votre habitude du mensonge est telle que vous avez même défiguré le passage des Mémoires de mon père que vous citez dans votre note. — Voir lettre D. aux *éclaircissemens*.

11.—Ces trois imputations sont aussi fausses que perfides.

Sans crainte et sans passion au banc du ministère public, je n'ai écouté aucune influence extérieure, parlé à aucune sympathie. Comment d'ailleurs aurais-je tout d'un coup appris à céder aux défiances d'un parti que je combattais avec le Gouvernement la veille du procès, et que j'ai combattu encore après le procès ? Comment aurais-je pu m'*autoriser* de *violences* qu'on m'aurait faites à Saint-André, alors que j'ai été moi-même dans cette commune, le 13 décembre, afin de calmer l'irritation des esprits, et que j'ai réussi à préserver le conseil municipal de tout entraînement illégal ?

Une fois le procès jugé, j'ai cherché à adoucir le sort des prisonniers. Je suis venu les voir à la Redoute : M. Houat, par un billet du 17 août, m'y sollicitait. J'y allai le même jour, et, le 18, j'écrivis une lettre semi-officielle au gouverneur pour réclamer que les condamnés fussent mieux placés. M. le gouverneur donna les ordres les plus pressans. J'en hâtai de toutes mes forces l'exécution. De notables améliorations furent faites au local. M. Houat et les autres condamnés furent placés dans quatre grandes chambres au premier étage, parfaitement aérées, et ils y eurent la faculté de travailler de leur profession.

12.—Les tergiversations du *seul témoin* produit contre nous, sa qualité de complice et de révélateur, et les débats ont dû lui apprendre que le procès était *tout politique* et nullement fondé sur des preuves judiciaires ; qu'on voulait un holocauste et non le triomphe de la justice.

13. — *Sa participation à l'arrêt extrajudiciaire de bannissement* ne nous permet pas de croire à *sa fermeté*, ni *à son indépendance.*

Le mariage qu'il a contracté avec une créole de Bourbon et qui l'associe désormais aux intérêts de caste, de manière à lui faire perdre le caractère d'arbitre impartial des intérêts opposés ou divers qui y sont en présence, *donne lieu de soup-*

Voilà les scules excuses que j'ai faites et pu faire à des condamnés, sur la culpabilité desquels j'avais et je conserve la
plus profonde conviction.

Je crois avoir le plus contribué à améliorer la position de
M. Houat, car c'est à moi qu'il donne la plus large part de
son ingratitude.

12.—*Les tergiversations d'un seul témoin!* c'est là l'argument
principal du *Mémoire*; il s'y reproduit souvent. Eh bien!
plus de quatre-vingt-dix témoins à charge ont été entendus.
S'il me fallait donner ici la liste de tous ceux qui ont déposé
sur chaque fait, je le pourrais. M. Houat a principalement
été convaincu par la déposition de quatre témoins *. Pour la
réunion des conspirateurs qui eut lieu aux Sables, la nuit,
à la fin de septembre, un seul, à la vérité, l'a fait connaître ** ;
mais les conséquences de ce fait étaient confirmées par plus de
vingt témoins. Du reste, voici ce que disait à ce ujet le défenseur de Lamour, premier lieutenant de Houat *** :

Vous avez vu *avec quel empressement* M. le Procureur général
a pour ainsi dire *abandonné l'accusation* contre ceux-là qui n'étaient
inculpés que par Floricourt. **** et cependant il s'agissait pour eux
d'une pénalité bien moins grave.

Donc ma conscience a voulu que beaucoup de témoignages
s'unissent contre vous et vos amis avant qu'elle ne vous accu-
sât. Il a bien fallu qu'il en fût de même pour les magistrats
assis, puisque le verdict de culpabilité a été UNANIME.

Quant au côté *politique* d'un tel procès, il était bien étroit,
et sa base anti-sociale bien large.

L'absorption du Gouvernement local dans la commune catastrophe pouvait seule donner à ce procès un caractère politique.
Encore n'était-ce pas le but, mais la conséquence du projet. Aussi
la cour d'assises écarta-t-elle la question que j'avais proposée,
*d'excitation aux habitans à s'armer contre l'autorité royale et de chan-
ger le Gouvernement établi.*—Page 361 de la Relation imprimée.

13.—Si M. Houat n'a pas cru jusqu'ici à *ma fermeté* et à mon
indépendance, peut-être d'autres y croiront-ils après cet écrit.

Voir d'ailleurs aux *éclaircissemens* E.

---

* Floricourt, Guillaume, Clermont et Poiri er.
** Floricourt
*** Page 277 de la Re'ation imprimée.
**** Témoin désigné par le Mémoire.

çonner que sa vertu a faibli, et qu'il a préféré les applaudisse-
mens d'un certain parti colonial à ceux qu'une conduite
contraire lui eût valus auprès de la métropole, et au témoignage d'une conscience sans reproche.

14.—*Notre tort*, nous l'avons compris à merveille, *a été d'avoir
devancé la société coloniale de quelques années*; de n'avoir pas
compris toute la puissance de l'esprit de cupidité et des préjugés surannés ; de n'avoir pas vu que notre qualité de mulâtre
était, dans la question qui s'agite et qui s'avance à grands pas,
un titre de défiance et de réprobation.

Nous avons cru à une parfaite impartialité dans une société
travaillée par les immoralités de tout genre qu'entraîne l'esclavage.

15.—Dans nos *épanchemens intimes*, nous n'avons pas prévu
qu'un homme nouvellement libéré des stygmates de la servitude, *Floricourt,* avec une perfide habileté, *viendrait*, pour
mieux nous livrer, *stimuler les penchans généreux* de notre âge
encore ouvert à toutes les illusions de la jeunesse ; nous n'a-
vons pas pensé qu'un Conseil colonial voterait des pensions et
des libertés à plusieurs délateurs.

16.—M. le procureur-général a bien voulu vanter *notre douceur, et les efforts que nous faisions pour sortir de l'état d'ignorance où notre population se trouve par le défaut d'écoles et d'ins-*

Et quant à mon *mariage*, s'il a donné lieu à M. Houat de me suspecter, ce mariage ne donnera ce droit à nul autre, parce que c'est depuis mon mariage que les plus rudes combats ont été livrés au parti qu'il désigne ; c'est depuis lors que le Conseil colonial a été dissous. Enfin, je n'ai acquis à Bourbon de propriétés ni d'esclaves à aucun titre, avant ni depuis cette époque.

14.—Pour combler la mesure de l'absurdité, M. Houat déclare que le *tort* de ses amis et le sien est d'avoir *devancé de quelques années* la société coloniale.

Sans doute cette société est retardée ; mais que serait-ce, grand Dieu ! si elle était destinée à suivre dans les voies du progrès, *à la distance de quelques années*, MM. Houat et compagnie, tels que je les ai fait connaître aux numéros 1 à 7 de ces notes.

15.—Non, Floricourt n'est point un *agent provocateur*, comme vous voulez le faire entendre ; il n'est venu ni vous *épier*, ni recueillir *vos épanchemens intimes*. Vous vous êtes d'abord ouvert aux esclaves *Guillaume* et *Clermont* que vous avez enrôlés, et par le moyen desquels vous avez voulu soulever les grands ateliers, où vous saviez qu'en leur qualité d'*artistes* aussi* ils pouvaient pénétrer à tout instant. Floricourt n'est venu qu'après. C'est lui que vous avez chargé de vos rapports avec Lamour, votre principal complice, et Floricourt vous a abandonnés quand il a vu que tout espoir de réussite vous échappait.—Cet homme, je l'ai stygmatisé aux débats ; et, lorsque, malgré mes efforts, il a été exempté, comme révélateur, d'une peine infamante, j'ai requis contre lui la peine de la surveillance perpétuelle **, et je l'ai livré au mépris public.

Du reste, son nom n'a pas même été prononcé lorsque le Conseil colonial, pratiquant en cela comme toutes les assemblées représentatives, a voulu décerner des récompenses à ceux qui avaient sauvé la colonie.

16.—Oui, j'ai parlé de la douceur connue de Houat avant

---

* Ils sont l'un et l'autre ménétriers.
** Page 363 de la Relation.

truction élémentaire. Mais il ne fallait pas ameuter contre nous tout ce que l'ignorance et les préjugés ont de plus hideux, pour nous écraser et pour nous ériger en conspirateurs !

C'est assurément un mauvais préliminaire aux mesures qui sont, dit-on, à l'ordre du jour dans la métropole pour éclairer les noirs et les hommes de couleur, *que de signaler l'instruction religieuse comme une excitation à la révolte contre la société coloniale.*

C'est un mauvais précédent, pour *l'émancipation,* qu'un procès quasi capital dirigé contre ceux qui *n'ont d'autre tort que d'avoir cru que la métropole la voulait,* et *qu'il fallait plutôt la seconder* que s'associer à ceux qui la combattent.

Il est vrai qu'on nous accuse d'avoir voulu *la devancer;* mais il ne s'agit en réalité, de notre part, que d'un dévoûment vrai aux principes de l'égalité naturelle et de la liberté professés en Europe, et gravés par Dieu lui-même au fond du cœur de toutes les créatures.

On a imputé à Timagène, l'un de nous, de *s'être laissé entraîner* aux charmes du style de l'un des plus grands écrivains dont la France s'honore, l'abbé de La Mennais ; *le neveu d'un savant du premier ordre,* de ce Lislet Geoffroy que l'Institut de France, a malgré son origine africaine, associé à ses travaux, en récompense des nombreux services par lui rendus à la science dans un autre hémisphère, ne devait-il pas trouver grâce et faveur auprès d'un magistrat européen qui, sous la restauration, avait fait preuve de talens et d'indépendance, et avait su ce que sont presque toujours les procès politiques, ce que sont les accusations de complot, surtout dans un pays où règne l'esclavage, et où les esprits faciles à effrayer sont disposés aux sacrifices humains pour maintenir cette vieille idole prête à s'écrouler ; dans un pays où le pourvoi en cassation n'existe pas contre les erreurs de la justice ?

les événemens qui l'ont fait traduire en justice ; mais, il ne faut pas confondre, je n'ai pas dit la même chose des autres accusés.

C'est ici le lieu de faire remarquer qu'à l'aide d'une adroite confusion, M. Houat s'applique sans hésitation, ainsi qu'à ses co-amnistiés, tous les éloges que j'ai donnés à la classe de couleur ; qu'il rend personnels aux mêmes condamnés les griefs supposés de cette classe ; qu'il prétend que j'ai déclamé contre l'instruction évangélique, parce que j'ai rapporté des phrases puisées dans un célèbre écrivain religieux, phrases que lui, Houat, jetait parmi les esclaves pour les provoquer à la révolte, au nom de Dieu et du roi. En effet, il leur avait dit : « La liberté se prend, elle ne s'achète pas... On « ne l'attend pas d'un placard mis au coin des rues, on s'en empare. » Et ces paroles, il les attribuait à l'aumônier du roi Louis-Philippe *.

Des faits de ce genre ne s'inventent pas ; le nouvel affranchi *Floricourt*, les esclaves *Clermont* et *Guillaume* les ont rapportés à la justice ; ils ne savaient ni lire, ni écrire ; où pouvaient-ils les avoir puisés ?

Mais Houat, au lieu de se *laisser entraîner aux charmes du style de M. de Lamenais*, a cherché à persuader à d'ignorans esclaves que la religion et le roi sanctionnaient la sanglante révolte qu'il leur prêchait.

Seconder la métropole dans les mesures propres à favoriser l'émancipation, serait certainement une action louable; la devancer pourrait devenir dangereux. Mais, quoi qu'endise le *Mémoire* de M. Houat, ce ne fut jamais là son *tort*; et tout ce vain étalage du langage philosophique et religieux, dont on ne retrouve pas la moindre tradition dans le procès, n'est qu'une des formes de ce patelinage mensonger avec lequel M. Houat a espéré de se faire des appuis.

Il se fait un titre de sa parenté avec l'estimable Geoffroy Lislet. Puisse cette parenté être légale; elle eût été à l'île Bourbon un motif de s'intéresser à lui ! Dans tous les cas, cette parenté n'empêcherait pas qu'il n'eût comploté le meurtre de toute une population.

____

* Relation imprimée, p. 88 et autres.

3

17.—Voici dans quels termes le procureur général Barbaroux a formulé cette accusation inouïe dans les fastes de Bourbon, et qui a donné lieu à des débats extraordinaires, *incom-
plètement recueillis* dans un gros volume in-4°.

« Le procureur général expose que, par arrêt de la chambre
« d'accusation, il a été déclaré qu'il y avait lieu d'accuser Ti-
« magène Houat, et quinze autres individus de couleur, dont
« un esclave, comme auteurs ou complices d'un complot ayant
« pour but d'exciter la guerre civile, en portant les habitans
« à s'armer les uns contre les autres, dans la vue de s'emparer
« du pays et d'en chasser une partie de la population, com-
« plot suivi d'actes commencés pour en préparer l'exécution;

« Et quatre esclaves, comme coupables du crime de non ré-
« vélation prévu par l'article 4 d'une ordonnance locale, et
« par l'article 105 de l'ancien Code pénal. »

18.—Houat, le prétendu chef d'un complot ayant pour objet
de conquérir la colonie, n'avait *que vingt-quatre ans;* il n'a jamais porté les armes; ses prétendus *complices sont artisans,*
forgerons, cordonniers, tailleurs, charpentiers, menuisiers ou
esclaves *. *On voit de suite l'absurdité* d'une telle accusation,
surtout lorsque l'acte d'accusation n'a pu prouver qu'ils se
fussent procuré des armes ni aucun moyen d'exécution.

19.—Si le pourvoi en cassation était ouvert contre les arrêts
de Bourbon, en matière criminelle, comme il l'est en matière
civile (dans les colonies l'argent passe toujours avant l'honneur
et la vie), *il eût été facile de démontrer l'iniquité d'un arrêt qui applique à des esclaves,* lesquels ne doivent rien à la société coloniale que d'amères douleurs et la privation à perpétuité de la
liberté, *les dispositions sur la non révélation de complot que la réforme de 1832 a retranchées du Code pénal promulgué à Bourbon
en 1835 à l'égard des hommes libres,* et qu'on a vainement depuis essayé de rétablir même dans l'intérêt de la sûreté de la
personne du roi **.

On se demande comment des magistrats ont pu s'abuser
au point de croire que le *Code,* aboli pour les hommes libres

---

* Ce sont les qualités mêmes adoptées par l'acte d'accusation.
** Proposition faite à la Chambre des députés de 1837. Abandonnée par le
ministère, session de 1838.

17.—Voir ci-dessus V, page 12, lig. 28.

18.—En décembre en 1835, il avait vingt-six ans, et c'est l'âge des plus ardentes passions.—Voir l'arrêt de la chambre d'accusation, page 20 de la Relation imprimée.

Comment M. Houat, qui plus haut (note 9), présente ses amis comme l'*élite* de la population de couleur, consent-il ici, pour le besoin de la cause, à descendre si bas et à rentrer dans la vérité?

19.—Un long passage du rapport du juge d'instruction et de l'avis motivé du procureur du roi, un chapitre du rapport du procureur général à la chambre d'accusation traitaient la question de non révélation *quant aux esclaves.*

La chambre d'accusation considéra que si le crime de non révélation était réellement aboli pas la loi des 28 avril 1832— 22 juin 1835 pour les personnes de condition libre, il existait encore pour les esclaves ;

« Qu'en effet la loi constitutionnelle du 24 avril 1833 » maintenant les esclaves hors du pouvoir législatif des cham- » bres, excepté pour les cas entraînant la peine capitale, » la loi qui abolit la non révélation ne leur était point applicable, et qu'ils restaient, quant à ce, sous l'empire de l'ancienne loi qui la punit.—Voir cet arrêt, page 19 de la Relation im- primée ; voir aussi lettre F aux *éclaircissemens.*

Il est inexact de dire qu'un *arrêté* du gouverneur ait été

pût être appliqué à des esclaves , pour lesquels il n'a pas été fait, *ou qu'une ordonnance locale, c'est-à-dire, un arrêté du gouverneur, ait pu avoir l'autorité d'une loi en matière pénale.* Mais revenons aux faits.

20.—Le procureur général a recueilli que : *Houat et ses amis trouvaient la société coloniale mal organisée, qu'ils croyaient que les emplois devaient être partagés entre les deux classes libres; que le temps était arrivé de tirer les esclaves de dessous le fouet* (cette réforme existe en effet à l'Ile-de-France, que la restauration a cédée aux Anglais) ; *que le gouvernement avait l'intention de faire cesser l'esclavage* (intention en effet qu'il a déclaré être sienne à la tribune en 1835, 1836 et 1837, et que la chambre lui demande de réaliser prochainement).

21.—Il est vrai que, pour criminaliser ces vœux, le procureur général ajoute qu'on voulait y parvenir par la violence; et cependant plus tard, devant la Cour d'assises, on a de sa part remarqué que dans un écrit trouvé chez Timagène, celui-ci reconnaissait l'existence d'un préjugé contraire à ses idées, *qu'il fallait, en évitant les froissemens, enlever, comme Guillaume Tell, la pomme sur la tête de l'enfant sans le blesser.*

22—23. — Si Timagène avait extrait des *Paroles d'un Croyant* ces mots : *la liberté ne se donne pas, elle se prend;* on lit dans le même ouvrage que *la cause la plus juste se change en une cause impie quand on emploie le crime pour la soutenir.*

24. — Le malheur a voulu, a dit le procureur général, que pendant que ces pensées fermentaient dans le cœur de Timagène et de ses amis, la question vitale des colonies, celle de l'abolition de l'esclavage, ait été *prématurément agitée* en Europe.

Il est vrai qu'elle l'a été par une société composée d'hommes éminens dans tous les partis, et même qu'elle l'a fait avec assez de succès pour que le résultat ne soit plus douteux, et que le ministère donne aujourd'hui son loyal concours à toutes les mesures préparatoires.

Il est évident que les planteurs n'auraient jamais pris l'initiative sur une pareille question, et que *le gouvernement lui-même n'en a ajourné la solution que parce que les esprits n'y étaient* appliqué dans ce procès, puisque c'est le Code pénal de 1810, tel que l'avait donné à la colonie l'ordonnance du roi **du 30** décembre 1827.

20—21—22—23.—En rapportant les phrases du procureur géneral, M. Houat les tronque. Dans tout le courant de sa brochure il a procédé de même, et pour les faits qu'il rapporte, et pour les opinions qu'il reproduit.

Rien de tout ce que porte ici le Mémoire n'a été reproché à M. Houat; seulement on a dit que ces idées, qu'il s'est exagé-rées, l'ont conduit à son criminel projet de tout détruire violemment.

Si la phrase relative à *Guillaume Tell*, a en effet été trouvée dans un ancien écrit de M. Houat, ce qui prouvait qu'il avait autrefois de très bonnes intentions, celle relative à la liberté *qui se prend*, et d'autres bien autrement graves, ont été dites par lui à des esclaves dans un but tout-à-fait coupable.

Et quant à la dernière phrase, c'est le procureur général qui la citait, disant que Houat aurait mieux fait de méditer cette phrase de l'illustre écrivain, que quelques autres Elle l'eût peut-être sauvé de ses propres écarts. Comment ose-t-il lui-même la rappeler et se l'approprier ?

24. — Vous me blâmez de m'être servi de l'expression *prématurément*, et vous-même prenez soin de m'en justifier aussitôt, en disant que *les esprits ne sont pas, même en France, préparés à cette réforme.*

Je conçois que tous les hommes éclairés désirent l'émancipation; que des hommes éminens s'occupent avec un haut intérêt des moyens de l'accomplir. Mais je soutiens que cette question a été *prématurément* livrée à la discussion publique; qu'il en est résulté des propositions irréfléchies et inexécutables, un profond ébranlement de l'ordre social établi, **des** résistances malheureuses et enfin de véritables retardemens.

préparés ni aux colonies, ni même en France, où malheureusement on ne porte que très peu d'intérêt à des établissemens si éloignés et si mal connus.

Cette initiative de quelques amis de l'humanité en Europe, loin d'être un mal, a été un préservatif pour les colonies ; elle a procuré la liberté à tous ceux qui l'avaient de fait, mais non de droit ; elle a fait cesser une partie des sévices et des cruautés dont la population esclave était la victime, sinon de la part des planteurs humains et en tout honorables, au moins de la part des hommes cupides et ennemis de l'humanité, qui ne regardent pas comme des créatures ordinaires des individus de race africaine.

25.—M. le procureur général rappelle qu'en 1855 *un honorable député, magistrat de la première Cour du royaume, et auquel M. Barbaroux lui-même avait rendu plus d'un hommage* pour sa courageuse conduite dans l'affaire des déportés de la Martinique, avait, au nom des hommes de couleur des colonies, *déclaré qu'ils appuieraient le gouvernement dans une mesure qui avait leurs sympathies; l'on chercha,* continue le procureur général, *à obtenir dans cette classe un désaveu des paroles du défenseur des hommes de couleur, mais on n'y parvint pas.*

Timagène et ses amis eurent en effet le tort de déjouer cette manœuvre.

Le procureur général a pris cette occasion d'accorder ses éloges à l'honorable M. Mauguin, délégué payé par les colonies pour défendre l'esclavage, *et de parler avec dédain de M. Isambert* auquel il a refusé la même qualification d'honorable, apparemment parce que M. Isambert est désintéressé à tous égards et qu'il n'est connu des hommes de couleur que par les services gratuits qu'il leur a rendus depuis douze ans.

Il a même cité une lettre *protestative* de MM. les délégués contre ce député ; lettre dont il exalte la *vigueur,* alors qu'elle ne renferme que des injures semblables à celles qui, dans les colonies anglaises, n'ont cessé d'être prodiguées à Wilberforce et aux autres grands citoyens qui ont fait abolir la traite et l'esclavage ; injures qui n'ont pas été épargnées à un ancien ministre du roi, M. Passy, au noble duc de Broglie, ancien président du conseil, à M. Dupin, frère du délégué de ce nom,

Mais qu'a de commun, s'il vous plaît, la sage émancipation que vous prêchez ici avec nous tous, et l'insurrection sanglante que vous avez tentée à l'île Bourbon?

25.—J'ai toujours rendu hommage à M. Isambert, pour son savoir, son talent et son courage; je n'ai jamais *parlé avec dédain* de ce magistrat. J'ai rapporté dans mon plaidoyer, en énumérant les circonstances qui avaient ému le pays, le fait, déjà cité plus haut, *d'une protestation* faite à Bourbon *contre ses paroles et d'une pièce contraire*, toutes les deux immolées à l'esprit de concorde.—Pag. 42, Relation imprimée.—Ces faits étaient purement historiques. Ils ne révèlent aucune *passion* de ma part.

Mais quant au tort que, selon M. Houat, on lui aurait imputé d'avoir *déjoué une manœuvre hostile à M. Isambert*, il oublie qu'à cette époque il était heureusement encore trop obscur pour avoir pu jouer un rôle dans le retrait de la protestation préparée contre ce député, à bien plus forte raison *ses amis* y furent-ils étrangers. — Voir la note 10, § I.

J'aurais encore, s'il faut l'en croire, *censuré* cet honorable député, et peut-être aussi M. de Tracy, dont je vénère le caractère, M. le président Dupin, M. de Lamartine, M. le duc de Broglie etc. Oh! certainement ces illustres citoyens concevront bien qu'après un long séjour aux colonies je ne puisse désirer d'abolition que celle qui offrira de nombreuses et solides garanties. Ils ne se reconnaîtront pas dans le tableau que j'ai fait en rappelant la phrase d'un des défenseurs (p. 317 de l'imprimé) de cette *monomanie* d'affranchissement subit que prêche l'école radicale et qui, *passionnée en Europe, dégénère en phrénésie*

pour les paroles qu'il a prononcées à la Cour de cassation dans
l'affaire des patronés, au généreux M. de Tracy, et à M. de
Lamartine, pour les discours qu'ils ont prononcés à la tribune
depuis quelques années.

*Cette censure d'un procureur général colonial contre un membre
de la chambre des députes dans l'exercice de ses fonctions révèle assez sous l'empire de quelles passions était conduit le procès dirigé
contre de pauvres jeunes gens tels que nous.*

26.—L'accusation n'a pu articuler que de *prétendues confidences*
faites à un *nouvel affranchi, Floricourt qui*, démenti par quantité
de témoins, *n'a inspiré au juge d'instruction qu'une demi-confiance*, et qui, aux débats, n'a *pu convaincre les juges de la culpabilité de sept accusés qu'il incriminait autant que nous.*

sous les tropiques. Ils ne me déclareront pas , pour de telles paroles, indigne de l'estime publique.

Pour M. Isambeit, il est certainement assez haut placé, il a les sentiments assez élevés pour permettre, *même à un procureur général colonial,* de n'être pas de son avis sur la portée de certains faits.

26.—Quoi sérieusement, *des vœux, de prétendues confidences* Eh ! sont-ce des *confidences* , telles que vous cherchez ici à le faire entendre, que les paroles suivantes ?

Vous avez dit à Guillaume :

Nous sommes trop malheureux. Il faut que la colonie appartienne à la couleur brune. On n'a pas réussi lors de l'affaire de Saint-Leu * , parce que nous n'étions pas avec les noirs.

Vous avez dit à Floricourt, en présence de Jolimont :

Nous avons notre monde prêt. Nous enlèverons les casernes , désarmerons la troupe et expulserons les blancs.

De son côté Lamour a dit à Arthur Anne Luce, à Perpétue, à Joson, à Floricourt :

Il faut aller dans les divers établissemens , y rassembler les esclaves , et marcher sur Saint-Denis.

Il disait à Augustin :

Que le signal se donnerait à dix heures du soir, par des coups de fusils tirés de distance en distance; qu'on enlèverait les poudres déposées chez M. Duparc **; qu'on tuerait les blancs et les mulâtres qui ne se *joindraient* pas.

Il lui disait une autre fois :

Qu'il répondait des noirs de la rivière du Mât.

Chryseuil à son tour disait à Joseph :

Veux-tu être avec nous , nous allons faire une révolte contre les blancs ? Lorsque le feu commencera, vous tomberez sur vos maîtres avec vos sabres à cannes ***.

Jean-Pierre aussi disait à Dauphin et à Augustin :

Nous ferons comme à la Martinique ****, nous exterminerons les blancs.—Mais nous n'avons pas d'armes.—Nos couteaux, nos pioches, nos sabres à canne, nos sagayes ***** nous en tiendront lieu.

---

* Révolte d'esclaves , 1811.

** Commandant des milices de St-André, qui avait chez lui 2 barils de poudre.

*** Espèce de lame en forme de sabre avec laquelle on coupe la canne à sucre.

**** Il voulait dire Saint-Domingue.

***** Lance de Madagascar en usage dans la colonie et dont on arme les gardiens d'habitation.

27.— *On savait d'avance qu'il ne s'agissait que d'un exemple à faire sur ceux dont on redoutait l'influence dans la question de l'émancipation*, et nullement de la conviction d'un véritable complot, auquel personne n'a ajouté *une foi explicite.*

L'accusation n'a pu préciser aucun jour pour l'exécution de ce prétendu complot, aucun rassemblement d'armes, ni aucun moyen d'exécution. Elle convient elle-même qu'elle a été saisie par une alerte qui s'est déclarée au quartier de Saint-André, alerte dans laquelle des actes de violence auraient été commis par des habitans qu'elle est obligée de blâmer comme ayant devancé, par des arrestations illégales, l'action de la Justice.

28.—Il est même à remarquer que le commandant de Saint-André, riche créole, M. Duparc, qui ne croyait pas au complot, en fut accusé, puis a été révoqué de ses fonctions ; *depuis il a été réintégré par le gouvernement métropolitain*, mais il n'a pas cru devoir reprendre son commandement.

Je ne puis ni ne veux entrer dans le détail des faits du procès. Je n'ai point ici à faire une seconde fois la preuve en faveur de la chose jugée. Mais j'ai dû faire connaître quelques unes de vos *innocentes paroles, de vos religieuses confidences.*

Sont-ce encore de simples *vœux* que ce *serment*, ce *signal* du feu, ces *enrôlemens*, ces *propositions* faites à beaucoup des vôtres et si souvent repoussées. — Page 191, Relation.

Ces vœux, ces confidences n'ont été communiqués qu'à Floricourt, *le nouvel affranchi*, dites-vous, et celui-ci n'a inspiré qu'*une demi-confiance* à M. le juge d'instruction? Mais pour quoi donc ce magistrat a-t-il conclu, comme le procureur du roi, comme le procureur général, comme la chambre d'accusation, à votre renvoi aux assises? Vous tirez une induction de ce que sept accusés, chargés pareillement par Floricourt, ont été acquittés, tandis que vous ne l'avez pas été, pour en conclure la partialité de la Justice? Mais souvenez-vous de ce que disait le défenseur de Lamour (n° 12) de l'*empressement* du procureur général à abandonner l'accusation à l'égard de ceux qui n'étaient désignés que par Floricourt.

Voir aux *éclaircissemens* G.

27.—*Un exemple !* Voici ce que je disais à la cour à ce sujet; — page 44, Relation :

Vous entendrez dire autour de vous qu'il faut un exemple pour maintenir l'ordre colonial..... Non, Messieurs, ici vous ne devez que justice, sans faire d'exemple ni de grâce. Souvenez-vous de ce mot de l'illustre président de la Chambre des députés, qui jugeait un journaliste : *justice et politique* SONT DEUX. Heureusement la sagesse du pays a répondu à l'exagération de certaines paroles imprudentes proférées ailleurs, etc.

Voir aux *éclaircissemens* H.

Et *cet exemple*, il fallait le donner à cause de l'influence de M. Houat et de ses complices sur la question d'émancipation ! Quelle jactance ! *Et personne n'a ajouté foi au fait du complot.* Cependant l'arrêt a été *unanime!*

28.—M. Duparc n'avait pas été réintégré par le gouvernement du roi avant mon départ de la colonie, le 21 février dernier.—M. Duparc n'a jamais dit qu'il ne croyait pas au complot et n'a été accusé de rien.

29.—L'ouverture des assises à eu lieu *le 4 juin*, et *non le 11 juillet*, comme le suppose le procès imprimé, *revu par le procureur-général, et dont on a retranché bien des choses* qui auraient pu éveiller les justes suspicions de la métropole.

La *Gazette des Tribunaux* a signalé le caractère extraordinaire et sans exemple d'une Cour d'assises qui met cinq semaines à se constituer.

Le 4 juin 1836, on tira au sort les noms des quatre assesseurs qui, dans la colonie, tiennent lieu de jurés et délibèrent avec les juges ; parmi ces assesseurs figurait *un sieur Féry*, habitant, que le procureur général *essaya en vain de faire* écarter par ce triple motif qu'il était *témoin, maître* de l'un de ces accusés et qu'il avait, dans l'instruction, rempli les *fonctions d'officier de police judiciaire.*

C'est là une nullité que la Cour de cassation n'eût pas manqué de déclarer.

Le 20 juin le tirage fut annulé parce que l'*un des assesseurs n'était pas patenté ni domicilié*, et parce que les noms des assesseurs n'avaient pas été notifiés.

Le 25 juin la Cour d'assises procéda à un nouveau tirage sur la liste de 30 assesseurs, composée par le gouverneur. Le ministère public renouvela sa récusation contre M. Féry : la Cour n'y eut aucun égard, et M. Féry, par le renversement de tous les principes, demeura l'un des quatre assesseurs.

Mais, le 11 juillet (et c'est à partir de cette époque seulement que *le procès imprimé fait connaître les débats*), l'un des assesseurs fut récusé comme parent de plusieurs accusés ; un autre était absent ; le ministère public récusa pour *la troisième fois M. Féry*, et cette fois son opinion l'emporta.

Les magistrats de la Cour ordonnèrent le remplacement de trois assesseurs par la voie du tirage au sort, et, pour les remplacer, il fallut faire un tirage parmi les assesseurs domiciliés dans la ville et parmi ces assesseurs on a compris quatre citoyens déjà récusés.

Le procureur général contesta le droit de récusation des accusés à l'égard d'un assesseur adjoint ; mais la Cour admit cette faculté de récusation ; — après qu'elle eût été prononcée, l'ac-

29. J'ai déjà fait connaître plus haut (page 12) comment la question de censure de cet écrit avait été traitée. Je déclare en outre qu'aucune suppression n'a été faite à ma connaissance.

La date du commencement des assises importerait peu. Le volume imprimé contient, quoi qu'en dise M. Houat, tous les actes préliminaires à la formation définitive de la Cour *.

M. le président n'ayant pas admis qu'il pût prononcer seul sur les causes légales de récusation d'assesseurs, autres que les récusations péremptoires, il fallut porter devant la Cour d'assises ces sortes de questions.

D'un autre côté, cinq personnes portées sur la liste des assesseurs, n'avaient plus les qualités requises pour en faire partie. Cet incident obligea de renvoyer la cause pour compléter la liste et en faire de nouveau la notification aux accusés ; les assises furent donc renvoyées.

Enfin deux assesseurs se trouvaient, l'un avoir en lui plusieurs causes de récusation ; l'autre beau-frère d'un des accusés. Il fallut les remplacer. Ce dernier était un homme de couleur. Il me fit lui-même écrire ses motifs d'abstention par M. Brunet, avocat, et défenseur de son beau-frère **.

Enfin, lors du tirage supplémentaire, deux assesseurs ne furent pas trouvés chez eux, ce qui obligea à un renvoi de 24 heures.

Tel est en abrégé l'historique des irrégularités *sans exemple* que signale M. Houat. Je n'ai pas fait de *vains efforts*, comme il le dit, pour obtenir le départ de M. André Féry. La Cour ne pouvait le maintenir, puisqu'il avait un intérêt direct à l'issue du procès, comme maître d'un des accusés, qu'il était témoin nécessaire, et qu'il avait instrumenté comme maire. Et si j'avais fait *ces efforts*, M. Houat devrait m'en savoir gré, parce que M. Féry, adjoint du maire de Saint-André, avait été plus profondément impressionné de l'événement de décembre que personne autre.

---

* Page 1 à 38 de l'imprimé.
** Voici les art. 384 et 385 du Code d'inst. crim., ordonn. du 19 déc. 1827 :
« 384. Les empêchemens pour les juges, à raison de leur parenté ou de leur » alliance entre eux, seront applicables aux assesseurs, soit entre eux, » soit entre eux et les juges, soit entre eux et les accusés ou la partie civile.
« 385. Nul ne peut être assesseur dans la même affaire où il aura été officier de » police judiciaire, témoin, interprète, expert ou partie. »

cusé quil'avait exercée y renonça et cet assesseur fut maintenu, malgré l'opposition du ministère public.

Une telle manière de procéder serait une ouverture à cassation dans les procédures soumises à la juridiction de la Cour suprême.

Le lendemain 12, la Cour d'assises ne put se former, l'un des assesseurs tirés la veille ayant allégué une maladie, et celui que le sort appela à le remplacer n'ayant pas paru.

Le 13 juillet, la Cour étant enfin complétée après un mois neuf jours d'opérations préliminaires, le procureur général fi son exposé oral.

30.—Après avoir rendu compte des discussions de la Chambre des députés, et mis en scène devant la justice coloniale des membres de cette assemblée souveraine pour des faits qu'il déclare n'avoir eu aucune *suite politique* (ce qui prouve qu'il voulait caresser les passions coloniales à leur dépens), il développa longuement *les prétentions des hommes de couleur à l'égalité politique, comme excessives; il fit allusion à l'exaltation de certains colons,* et à une discussion du Conseil colonial par laquelle on avait cherché à influencer la justice, et il *ajouta qu'il n'en serait rien.*

De telles précautions oratoires indiquent assez qu'au contraire la justice n'était pas laissée à son impartialité ordinaire.

31. —*Derrière les bancs des magistrats siégeaient des créoles influens qui leur adressaient souvent la parole.*

32.—M. de Greslan, substitut du procureur général et membre du Conseil çolonial, *dont Timagène avait combattu les opinions dans un des journaux de la colonie,* et qui est fort avancé dans le parti anti-abolitioniste, se laissa entraîner jusqu'à dire à la Cour qu'*elle ne devait pas démentir la promesse de notre condamnation faite au Conseil colonial,* paroles qui furent relevées par un des avocats, *Me Auguste Brunet,* et que, dans le procès révisé à l'impression on a eu soin de rendre fort obscures, en rédigeant ainsi : « *Lorsque nous avons combattu au conseil colonial la proposition de faire un appel aux pouvoirs extraordinaires du gouverneur, nous devinions la composition du jury devant lequel les accusés comparaissaient en ce moment, et ce que nous avons*

J'ajouterai de plus qu'il résulte d'une pièce imprimée, à la page 23 du volume, que j'ai récusé, dans l'intérêt de la défense, qui avait épuisé ses droits, un assesseur dont le nom semblait alarmer les accusés, et qui pourtant offrait toute garantie à la société et au ministère public.

Qu'on juge maintenant de la véracité de M. Houat et de mes *précautions oratoires*.

30. — J'ai déjà répondu assez péremptoirement à ce grief pour n'y plus revenir (voir page 39, n° 25).

Mais on né remarquera pas sans étonnement que M. Houat m'en fait un nouveau d'avoir repoussé les mauvaises passions du dehors et prêché l'indépendance et la Justice ; tout comme il me reprochait tout à l'heure d'avoir agi sous l'influence d'un parti, influence à laquelle il reconnaissait que j'avais résisté (n° 10, § VII).

31. — La salle était encombrée. En arrière des magistrats un rang de siéges était occupé par des fonctionnaires publics. Aucun n'a jamais parlé avec les magistrats pendant le procès.

32. — M. Auguste Brunet est un homme énergique et droit, ce qu'il aurait relevé figurerait nécessairement au procès imprimé , dont il a fourni les élémens pour ce qui le concerne. Et quant à la phrase citée par le sieur Houat, elle n'a jamais été prononcée ; elle serait à la fois inconvenante et ridicule.

» *dit alors , votre arrêt ne le démentira pas aujourd'hui.* »

33. — M. Barbaroux termine sa réplique par une sortie obligée contre ce qu'il appelle *monomanie passionnée en Europe*, et *les premiers agens du désordre qui, disait-il, n'étaient pas sur les bancs de la Cour d'assises.* *Ces paroles s'adressaient sans doute aux personnages qui composent la société abolitioniste de Paris.

34. Les débats se sont prolongés du 13 juillet au 3 août, pendant vingt audiences, et nous défions la patience la plus robuste de ne pas céder au profond dégoût qu'inspirent les fastidieux détails *des paroles qu'on suppose avoir été colportées*, et qui constituent à elles seules le complot , et la profonde *immoralité d'un grand nombre de témoins pris dans le rebut de la société coloniale et parmi les esclaves eux-mêmes.*

Avant les délibérations de la Cour d'assises, Timagène dit à ses juges :

« J'oserai vous prier de ne point oublier là où vous êtes que vous nous jugez et que vous êtes les prétendus offensés..... Souvenez-vous qu'un jour nous serons jugés tous ensemble par celui qui a créé à son image blancs, mulâtres et noirs.... »

35. Les magistrats et les assesseurs qui remplacent le jury de France se retirent pour délibérer *sans que le procès-verbal mentionne l'abstention du magistrat* et de l'assesseur suppléans, ce qui aurait fourni un moyen de cassation d'autant plus victorieux que le magistrat suppléant, M. André, est en effet entré dans la chambre des délibérations.

Timagène Houat, Lamour, Catherine et Chryseuil sont déclarés coupables de complot et d'actes commis et commencés pour son exécution ; — Ferrié, Marcelin et Jolimont, complices du même complot avec des circonstances atténuantes, — et quatre esclaves, du crime de non révélation.

Les quatre premiers sont condamnés à la déportation ; — les trois autres à cinq ans de détention, et les quatre esclaves au poteau, à la chaîne et à la flagellation.

36. Floricourt *le révélateur est exempté de toute peine;* — les hommes libres sont condamnés à tous les frais de cette monstrueuse procédure.

---

* Page 317 du procès imprimé.

53.—J'ai déjà répondu à ce paragraphe au n° 25.—J'ajouterai seulement que la phrase citée est extraite du plaidoyer d'un des défenseurs, M. Morel.

54.—Vingt-et-un jours d'assises pour des paroles *supposées !* Nous en avons cité quelques-unes au n° 26. Cela suffit.

L'immoralité des témoins ! Plus de vingt témoins vous accusaient. Est-ce le procureur général qui les avait choisis pour recevoir vos *confidences ?* Vous cherchez vos complices parmi des hommes du plus bas étage, vous vous adressez aux esclaves pour leur prêcher la révolte, et vous vous étonnez que les uns et les autres soient appelés à déposer ? Mais comment affirmez-vous si légèrement *la profonde immoralité* d'une classe que vous appeliez à vous ? Vous auriez dû laisser ce langage au ministère public, s'il n'avait rougi de l'employer.

55.—Le procès-verbal ne pouvait faire mention de cette abstention. Il mentionne les membres de la Cour qui concourent à l'arrêt et non ceux qui n'y peuvent concourir que dans le cas où un juge ou un assesseur viendrait à manquer.

Si un magistrat supplémentaire est entré dans la salle des délibérations, ce ne peut être que dans un intervalle de suspension.

56.—Voir au n° 15 des réponses.

Quant au commencement de la phrase : « *Le malheur a voulu que vous ayez succombé,* » je le nie formellement.

M. Houat relève, en les tronquant, les paroles consolatrices de M. le président Monginet. Il les croit déclaratives de l'inno-

4

Le président adressa aux condamnés une allocution qu'on a eu soin d'abréger et qui commençait ainsi : « *Le malheur a voulu que vous ayez succombé!...* » Le procès imprimé a du moins conservé les paroles suivantes, qui sont assez significatives :

Quelques jours plus tôt et vous étiez frappés par une loi terrible *... *Je vous exhorte, au nom de la loi compatissante, à supporter votre malheur avec fermeté et résignation... Vous obtiendrez par votre amour du travail, et par votre respect pour l'ordre établi, des allégemens à vos peines, et des droits à la bienveillance...*

37.—*Je dois vous avertir aussi que le gouverneur en conseil décidera s'il y a lieu de recourir à la clémence du roi* **.

Comment un magistrat aussi haut placé et dans une telle conjoncture aurait-il ainsi fait un appel *à la clémence*, et exhorté les condamnés à supporter leur malheur avec fermeté et résignation, si, comme l'a soutenu l'accusation et comme l'arrêt de la Cour d'assises semble le supposer, il y avait eu de la part des conjurés des actes commis ou commencés pour massacrer les blancs, pour empoisonner les rivières ou les alimens, et pour incendier les habitations à l'aide d'une population esclave qu'on peint comme étant si près de la barbarie?

---

* Le Code pénal de 1810, réformé par la loi de 1835.

** Le président avait donné à cette dernière phrase une tournure plus positive; il nous y engageait même d'écrire au gouverneur; c'est ce que nous avons fait le même jour.

cence des accusés. Or le verdict de culpabilité fut rendu à l'unanimité contre cinq condamnés, contre les deux autres à une très grande majorité.

M. le président, s'adressant à six accusés déclarés non coupables, leur avait dit :

Vous allez rentrer dans la société, libres comme avant ce procès; mais y rentrerez-vous sans remords, y rentrerez-vous sans le chagrin dévorant d'avoir contribué peut-être à l'infortune de vos amis.

Insensés ! qui n'avez pas compris que liés à la population blanche par nos institutions et par nos lois, votre prospérité était à jamais inséparable de celle du pays.

Insensés ! qui vous prépariez des tombeaux à côté des tombeaux de vos proches et de vos bienfaiteurs ! qui ne compreniez même pas que si les lueurs de l'incendie avaient pu éclairer votre triomphe pendant un seul jour, ce jour-là ne devait pas avoir de lendemain pour vous.

Et plus bas :

Proclamez à votre tour les doctrines conservatrices que vous avez entendues dans la bouche éloquente du ministère public et dans celle des défenseurs, auxquels la loyauté et le patriotisme n'ont point failli dans une cause qu'ils auraient sauvée, si les ressources du talent *pouvaient quelque chose contre l'évidence.*

Étrange manière sans doute d'exprimer sa *juste compassion* pour les *innocens* qu'il venait, par le même arrêt, de déclarer coupables et qu'il allait condamner! Combien M. Houat se joue de ceux auxquels il fait dire que l'iniquité de l'arrêt est démontrée par les paroles de ce magistrat.

37.—L'article 371 du Code pénal (ordonnance du roi du 19 décembre 1827) porte :

Après le prononcé de l'arrêt, le président pourra, selon les circonstances, exhorter l'accusé à la fermeté, à la résignation, ou à réformer sa conduite. Il l'*avertira* que le gouverneur en Conseil, décidera s'il y a lieu à recourir à la clémence du Roi, et qu'il a la faculté de présenter au gouverneur tous mémoires et observations qu'il jugera utiles à sa cause.

En rappelant aux condamnés leur droit de recours au gouverneur, le président n'a donc fait que remplir le vœu de la loi, et n'a pu vouloir faire un appel à la clémence du souverain.

M. Houat le sait bien; mais peu lui importe d'altérer la vérité, pourvu qu'il surprenne la compassion de ceux qu'il abuse.

N'est-ce pas au contraire de la dernière évidence que le président de la Cour d'assises *ne se dissimulait pas toutes les exagérations de l'accusation et ne voyait dans le prétendu complot que ce qu'il y a en effet :* — des paroles imprudentes sans doute dans un pays où règne l'esclavage, échangées non dans les ateliers, mais *à huis clos*, entre des jeunes gens qui sympathisaient à l'émancipation, et se préoccupaient de ses conséquences dans l'intérêt de l'avenir de la colonie ?

Le retour de M. Conil, l'un des délégués de la colonie, était annoncé comme devant apporter la nouvelle de l'émancipation ; ce bruit avait pris faveur dans une certaine partie de la population ; mais le parti exalté faisait, par la voie de la presse, un appel à la résistance.

Et quand il serait vrai que, dans *leurs conversations intimes*, les prétendus conjurés auraient dit : que *si on ne donnait pas la liberté aux esclaves, ils la prendraient*, c'est une éventualité dangereuse *qu'on peut prédire*, alors même qu'on la redoute. Combien d'Européens, combien de personnes préoccupées des ajournemens successifs que reçoit la solution de la question vitale des colonies, combien de députés même, si ce que l'on nous a dit depuis notre séjour à Paris est exact, l'ont dit et répété dans les mêmes termes, non seulement dans leur intimité, mais dans leurs relations publiques.

Et nous qui depuis un siècle et demi sommes soumis à toutes les dégradations du préjugé ; nous qui n'avons obtenu les droits politiques que de la loi de 1833, qui ne pouvons, par la seule force de nos suffrages, faire entrer aucun des nôtres dans les conseils électifs des communes ou de la représentation coloniale, et qui n'avons obtenu qu'un simulacre de représentation, comment ne craindrions-nous pas de rétrograder, de voir renaître l'ancienne politique par laquelle, en divisant pour régner, on cherche à persuader aux hommes de couleur libres qu'ils doivent se coaliser avec les blancs pour retenir le plus long-temps possible les hommes de leur race dans l'esclavage ? Ce projet n'a-t-il pas reçu un commencement d'exécution par les pétitions qu'on a colportées avant le procès pour désavouer les paroles prononcées en notre nom à la Chambre des députés ?

N'a-t-il pas parlé de même de M. Filhol, ce juge d'instruction dont la Justice coloniale regrettera toujours le départ ! N'a-t-il pas fait dire dans un journal, par un prétendu *nègre d'Haïti*, que ce magistrat croyait à son innocence, et qu'il était venu tout attendri lui toucher la main avant de partir. Or, le rapport de M. Filhol concluait au renvoi aux assises de tous ceux d'entre les accusés qui ont été condamnés, et je déclare que, lorsque ce magistrat est venu avec moi dans les prisons, peu de jours avant son départ, il leur a parlé en ma présence, car je suis son ami. Il a exhorté les condamnés à la résignation avec cette raison supérieure qui le caractérise ; il les a invités à mériter par une conduite exempte de reproches un adoucissement à leur sort ; mais il n'a pas touché la main à M. Houat, ni consolé lui ou les siens d'une injuste condamnation. — M. Houat répond à la noble compassion de ce magistrat comme il a répondu à la modération de M. le président Monginet, comme il a répondu à mon humanité, par un libelle tout hérissé de mensonge. Personne maintenant ne s'en étonnera.

38.—Les noirs de Bourbon, prétend-on, seraient les moins avancés dans la civilisation *à cause de la continuation clandestine de la traite jusque vers 1834*, et par l'absence totale de mariages. Le nombre des marronnages y est bien plus considérable qu'aux Antilles. — Leur pécule est plus précaire, et ils ont moins de moyens de s'y racheter.

On nous a reproché nos liaisons avec les Indiens ; mais on ignore en Europe que ces Indiens et les Malais qu'on avait recrutés comme ouvriers libres, *ont été en partie réduits en servitude et qu'ils ont droit à une sympathie particulière ?*

39.—Enfin si nous avons cru que l'esclavage serait aboli prochainement, et si nous l'avons dit tout haut, alors qu'il convient au parti colonial exalté de vouloir imposer à ce sujet un silence absolu, et de faire la guerre aux autorités souvent obligées de rappeler à ce parti la marche rapide des esprits en Europe, *ne devions-nous pas espérer que ces autorités nous protègeraient et que M. Barbaroux, en particulier, ne croirait pas avoir accompli ses devoirs d'homme public, en venant en quelque sorte s'excuser dans nos cachots des réquisitions qu'il se croyait obligé de faire pour apaiser les clameurs du parti Testart ?*

40. —Malgré l'*intérêt* que notre malheur avait inspiré à la partie la plus *saine de la population* coloniale, et *dont le président*

58. —La dernière traite a été débarquée à Bourbon, le 9 août 1831. Les habitans des campagnes de Saint-Joseph ont eux-mêmes livré les coupables à l'autorité; ils ont été condamnés au bannissement. Depuis ce jour, tout vestige de traite a disparu. L'assertion de M. Houat n'est pas seulement téméraire; elle est faite en haine de son pays, auquel elle pourrait nuire sans être utile aux amnistiés. Il n'y a pas un citoyen, pas un fonctionnaire public à Bourbon qui ne la repousse avec indignation.

Ce qu'il dit des *Malais* et des *Indiens* est tout aussi bassement faux. Il n'y a pas un Indien *engagé* qui ait été mis en *servitude* et qui n'ait plaidé contre son patron quand il l'a voulu. Il n'y a pas un seul Malais *engagé* à Bourbon; aucun ne peut donc y avoir été mis en *servitude*. Que M. Houat ne fasse donc pas de la sympathie pour ces infortunes négatives.

Du reste, aucun *malais* n'a été compris dans le procès. On n'a reproché aux accusés leurs liaisons avec aucun d'eux, libre ou esclave. Un seul *Indien*, le S‍ʳ *Antoine*, interprète, a été poursuivi, et ce n'était pas un homme réduit *en servitude*, mais tout-à-fait libre et qui est retourné dans sa patrie après le procès.

Vingt-et-un habitans libres de Madagascar sont entrés volontairement à l'île Bourbon en 1834, comme ouvriers libres, engagés par un S‍ʳ Guillermeau, habitant. Ils exercent leur industrie de cultivateurs et sont maîtres de retourner dans leur patrie. Je crois même que quelques-uns y sont déjà rentrés.

59. —La réponse à ces odieuses personnalités se trouve au n° 11 ci-dessus.

40. —On a vu quelle sorte d'intérêt M. le président a témoigné aux sieurs Houat et consorts. Quant à la partie *la plus saine* *des assises n'avait pas dissimulé l'existence*, dans sa douce et touchante exhortation, nous languissons depuis *dix-neuf mois* dans les prisons, attendant l'acte *de clémence qui nous était* en quelque sorte annoncé.

41.—Les autorités coloniales *n'osèrent pas prendre une telle décision sous* leur responsabilité en présence d'un parti menaçant, capable, à une si grande distance de la métropole, de se livrer à des actes de violence et de s'emparer du gouvernement, comme on l'a vu plusieurs fois dans l'histoire des colonies.

Notre salut devait venir de plus haut et descendre directement du trône.

42. — La nouvelle de l'amnistie est parvenue à Bourbon le 17 août 1837, par un navire du commerce. *Elle ne contenait et ne pouvait contenir en effet aucune exception pour les colonies* dont les arrêts en matière politique sont toujours marqués d'un sceau particulier.

Étonnés de ne recevoir à ce sujet aucune communication du gouverneur, ni du procureur-général, après quinze jours d'attente, nous écrivîmes au premier pour lui dire qu'*il n'y avait plus de prisonniers politiques en France et que nous devions en profiter.*

Cette lettre, datée du 2 septembre, *demeura sans réponse écrite,* tant aux colonies on tient peu de compte des droits des citoyens.

Le 23 du même mois, M. Barbaroux vint nous visiter et nous donner communication des réclamations qui avaient été faites en notre nom à la tribune de la Chambre des députés, et de la réponse favorable que vous, Monsieur le ministre, y aviez faite. Le procureur-général avait dans les mains le *Moniteur officiel qui rendait compte de la séance du 6 juin. Nous ne pûmes l'avoir.* et ce ne fut qu'à grand'peine que nous parvînmes à nous procurer un journal ; *celui qu'on nous remit* était le *Journal du Commerce*, le journal des délégués, dans lequel on présente sous un faux jour tout ce qui regarde les hommes de couleur et ce qui concerne l'émancipation.

de la population, voici ce qu'elle fit : Les citoyens les plus notables de la classe de couleur, accompagnés de leur député au Conseil colonial, se rendirent chez le gouverneur et y protestèrent de leur répulsion pour ces hommes égarés qui jetaient le trouble dans le pays.

41.—L'autorité locale, on l'a vu, ne *redoutait pas un parti* qu'elle combattait et qu'elle a réduit à l'impuissance. Mais je déclare, sur l'honneur, que je n'ai jamais entendu un seul membre du gouvernement de Bourbon exprimer le moindre doute sur la culpabilité d'Houat et de ses complices, ni émettre la pensée qu'il y avait lieu de recourir à la clémence du Roi. On voit qu'il y a loin de là à ne pas *oser* faire un acte de clémence.

Et quant aux *terreurs du Gouvernement local* devant le parti désigné, la dissolution du Conseil colonial faite en séance y répond suffisamment.

42.—Après tant de détails, dans lesquels m'a entraîné le pamphlet de M. Houat, il me reste à dire comment les choses se sont passées quant à l'application de l'amnistie, et comment la question de droit qui la régit a été envisagée à l'île Bourbon.

§ I.—Les journaux de France nous apportèrent la nouvelle de l'amnistie du 8 mai 1837; nous ignorions si elle serait appliquée aux condamnés du 3 août 1836 ; nous ne considérions pas ceux-ci comme étant dans une position purement *politique;* cette position, selon nous, semblait, non pas exclure une grâce, mais devoir entraîner des conditions plus spéciales de surveillance.

Cependant Houat écrivit au gouverneur, au nom de ses compagnons, pour demander qu'application immédiate de l'amnistie leur fût faite (2 septembre). Par son ordre, je me rendis auprès d'eux (le 4) et je leur dis : que les lois et ordonnances du royaume n'étant exécutoires aux colonies que d'après les ordres du roi, le gouverneur ne pouvait prendre sur lui de leur faire application de l'ordonnance du 8 mai. Je les engageai à attendre patiemment leur sort.

Quelques jours après arriva le *Moniteur,* qui rendait compte de la séance de la Chambre des députés, du 6 juin, où M. le

Après avoir repris ses fonctions de directeur de l'intérieur, M. Frémy, arrivé de France sur la corvette la *Nièvre*, vint visiter nos prisons *.

Interpellé par nous si l'amnistie ne nous avait pas été rendue applicable, il commença par nier, quoique faiblement, et nous dit : « Comment le savez-vous ? — Par un extrait de la *Gazette des Tribunaux*. — *Le papier souffre tout*, répliqua l'inspecteur de police Collet, qui accompagnait M. le directeur de l'intérieur. — Alors nous représentâmes un journal de la colonie qui confirmait la nouvelle. — *Cela paraît positif*, dit M. Frémy ; *mais nous n'avons pas reçu d'ordres...* »

Les ordres étaient peut-être arrivés ; on délibérait par quel moyen on pourrait en éluder l'exécution.]

Après *s'être donné bien des jours de réflexion*, on ne recula pas devant l'idée de bannir de la colonie pour sept ans ceux mêmes que l'arrêt de condamnation n'avait frappés que pour cinq ans ; c'est le 20 octobre 1837, après deux mois d'espérance, que ce dernier coup nous a été porté *.

---

* C'est le 11 octobre 1837.

** M. Lesueur, bâtonnier des avocats à Bourbon, a cru devoir réclamer auprès du gouverneur et de M. Barbaroux contre cette cruelle injustice ; mais tous les efforts de ce courageux avocat ont été vains.

ministre de la marine avait pris l'engagement de faire appliquer l'amnistie aux condamnés des colonies.

Nouveaux ordres du gouverneur. Je me rends encore à la Redoute. Je lis aux détenus la partie du *Moniteur* qui les concerne, et non le *Journal du commerce*, qu'ils se procurent sans doute d'un autre côté.

Nous attendons avec impatience la solution annoncée. La décision du roi est rendue le 18 juin, expédiée le 23, et arrive dans la colonie le 16 ou le 17 octobre ; et c'est le 20, trois jours après, et non *après bien des jours de réflexion*, qu'est rendu l'arrêté du gouverneur qui exclut de la colonie M. Houat et les autres amnistiés. Voilà le fait, voici l'imputation de M. Houat : « *Les ordres étaient peut-être arrivés ; on délibérait par quels moyens on pourrait en éluder l'exécution.* » L'arrêté fut rendu, et, je dois le dire, aucun des membres du Conseil *où je siégeais*, parce que la loi le veut, n'hésita un moment sur la nécessité de la mesure.

Dès qu'elle fut adoptée, nous allâmes, au nom du gouverneur, M. le directeur de l'intérieur et moi, leur en faire part.

Aussitôt M. Lesueur, avocat, adressa un Mémoire au gouverneur, pour réclamer le retrait de l'arrêté, non pas en faveur de tous les condamnés, mais uniquement au bénéfice d'un seul, Élie Ferrié, son client. Rapport fut fait sur cette demande qui fut rejetée par le gouverneur, le 27 octobre.

Le gouverneur pouvait les faire immédiatement tranférer à bord d'un bâtiment de l'État. Ils demandèrent à rester quelques jours pour mettre ordre à leurs affaires et voir leurs familles, ce qui leur fut accordé facilement. Toutes les consignes de la Redoute furent levées. Ils auraient désiré rentrer à leur domicile ; mais ils comprirent bientôt le danger qu'il pourrait y avoir pour eux à parcourir la ville, et, préférant rester dans la Redoute, que de s'embarquer au moment même ou de courir les hasards de certaines démonstrations malveillantes, ils demandèrent eux-mêmes à attendre leur départ en ce lieu. Ils furent autorisés à recevoir leurs amis et leurs parens à toute heure du jour, et à se promener sur tout le vaste plateau où est situé ce fort. Une ligne de gardes de police fut établie sur la limite de l'esplanade, afin de les préserver de toute insulte, et

Dans l'arrêté du 20 octobre 1837 , qui s'est permis d'abroger l'ordonnance et la décision royale d'amnistie, on a bien été obligé de reconnaître que la liberté devait nous être rendue, que la surveillance à laquelle nous restions soumis n'autorisait le pouvoir local *qu'à interdire à chacun de nous la résidence des lieux où elle jugerait notre présence dangereuse.*

Ainsi nous aurions conçu qu'on nous eût empêchés de demeurer à Saint-André , où le conseil municipal, s'érigeant en pour éviter toute imprudence de leur part. Ce qui surprendra aujourd'hui, c'est que M. Houat, qui se plaint avec amertume de ces dispositions, dont il noircit le but, n'a pas osé, pendant la quinzaine qui a suivi, faire un pas hors du fort et se promener sur le plateau.

M. le directeur de l'intérieur leur demanda sur quel pays ils voulaient être dirigés. Les uns désignèrent l'île Maurice, les autres les Seychelles. Le gouverneur de Bourbon ne voulant pas faire une inutile démarche, en écrivit sur-le-champ au gouverneur anglais. S. E. répondit immédiatement qu'elle ne voulait admettre de tels agens de désordre ni dans l'une ni dans l'autre colonie. Ce fonctionnaire ne trouvait pas apparemment que ces messieurs n'eussent été accusés d'*aucun crime palpable*.

Les amnistiés se déterminèrent alors à passer en France, et le gouvernement local dut traiter avec des capitaines. Quatre refusèrent successivement de se charger d'eux; on fut obligé de les diviser par deux ou trois pour vaincre les dernières résistances.

Toutefois ils avaient imploré un secours en argent. Le gouverneur leur accorda 200 fr. à chacun sur les fonds de la police : leur reçu existe. Ils partirent.

Voilà les faits dans toute leur vérité : je les affirme, j'en ai pour témoins tous les administrateurs de Bourbon et le ministère, qui en a été instruit avec exactitude.

Pour les démentir, les nier, on les dénaturer, il reste à la presse la *garantie morale* de M. Houat et des six malheureux qu'il fait mouvoir, et dont il sacrifie l'avenir en leur fermant pour long-temps le chemin de leur pays.

Cet exposé des faits me dispense de répondre en détail aux assertions de M. Houat.

§ II. Je reprends maintenant la question de droit public.

Dans la dépêche du 23 juin, qui faisait connaître au gouverneur de Bourbon la décision du roi, M. le ministre ne perdait pas de vue que l'article 2 de l'amnistie relatif à la surveillance de la haute police, avait pour corollaire l'article 44 du Code pénal *. Il rappelait ensuite, avec une louable prévoyan-

---

* Loi des 28 avril 1832-22 juin 1835.

commission judiciaire, avait ordonné notre arrestation; ou à un autre endroit désigné de la colonie.

Mais étendre à la colonie tout entière l'interdiction de notre résidence, qu'est-ce autre chose que le *bannissement lui-même? C'est pire que l'ancienne surveillance, telle que l'avait réglée le Code de* 1810, puisque alors on ne pouvait que nous assigner un lieu de résidence.

Une telle interdiction est si bien une violation de l'amnistie, que dans son arrêté le gouverneur est obligé d'invoquer le pouvoir de haute police remis dans ses mains *par l'ordonnance de* 1825. Si M. le gouverneur est, comme il en a la réputation, étranger aux mesures de rigueur, ne devait-il pas repousser l'avis du conseil privé *où siégeait M. Barbaroux, notre accusateur, et se rappeler que lui seul est responsable des mesures de haute police d'après l'ordonnance royale du* 8 *mai* 1832?

L'arrêté du 20 octobre 1837 a motivé l'exercice de ce pouvoir sur la dépêche ministérielle qui accompagnait l'envoi de l'amnistie.

Mais cette dépêche, nous en avons la certitude morale, ne recommandait au gouvernement colonial de nous faire l'application de l'art. 72, qu'autant qu'*après notre mise en liberté* nous aurions donné des sujets de plainte ou d'alarme.

Autrement l'amnistie eût été une amère dérision, et le ministre qui a proposé au roi son application aux colonies aurait détruit par sa dépêche l'œuvre de bienfaisance et de haute sagesse politique à laquelle vous vous étiez, Monsieur le ministre, nous n'en doutons pas, loyalement associé.

Nous pouvons d'autant moins en douter en effet, que c'est ainsi qu'elle a été exécutée à l'égard des amnistiés de la Grande-Anse (Martinique), ainsi que nous l'avons appris depuis notre séjour ici.

Ce serait faire injure au bon sens et à la raison politique que d'insister sur un point aussi clair.

Ainsi, par l'arrêté du 20 octobre 1837, le gouverneur et le conseil privé de Bourbon ont donné à votre dépêche un sens qu'elle ne pouvait avoir, un sens injurieux à la majesté royale; ils ont dépouillé des infortunés de la chose la plus sacrée qui soit au monde, *de la grâce du Roi!...*

ce, que, dans l'intérêt de l'ordre public, le gouverneur était en outre investi par la loi de pouvoirs extraordinaires.

Tout le monde sait quels sont ces pouvoirs, appelés spéciaux par la loi du 24 avril 1853. L'un des articles qui les établissent porte que : *Dans les circonstances graves* (ordonnance du 21 août 1825, renouvelée par celle du 22 août 1833, article 72), *et lorsque le bon ordre ou la sûreté de la colonie le commande, le gouverneur peut prendre, à l'égard des personnes de condition libre qui* COMPROMETTENT *ou troublent la tranquillité publique, les mesures ci-après, savoir :....*

L'exclusion de la colonie (pour sept ans au plus).

Cette mesure ne peut être prononcée que pour des actes tendant à attaquer le régime constitutif de la colonie.

Or le Gouvernement local a jugé, selon sa conscience, que le retour des amnistiés dans leurs foyers compromettrait gravement l'ordre public. C'est une opinion que l'on peut traiter de trop acerbe ou de trop timide; mais nous qui avons jugé autrement, nous étions sur les lieux et responsables des événemens dans leurs conséquences, même les plus éloignées. Entre la responsabilité qui ne menaçait que nous et celle qui menaçait le pays et les amnistiés eux-mêmes, nous n'avons pas hésité.

Nous avions pour nous la raison politique; nous avions aussi le droit rigoureux.

Des légistes pensent que l'on ne pouvait appliquer aux amnistiés la loi d'exclusion (article 72, ordonnance du 21 août 1825), comme conséquence des articles 2 de l'ordonnance d'amnistie et 44 du Code pénal; qu'il aurait fallu, pour leur appliquer l'exclusion, que ceux-ci, rentrés dans leurs foyers, y eussent commis de nouveaux actes propres à porter atteinte à l'ordre public.

Sans doute c'est la première idée qui saisit en lisant la loi citée; mais on en juge autrement lorsqu'on voit :

1° Que cette disposition spéciale et exceptionnelle frappe particulièrement ceux qui *compromettent* l'ordre public;

2° Que, pour ceux qui attaquent cet ordre plus directement, le Code pénal est toujours là, concurremment avec cette loi, et prononçant non *des exclusions*, mais des *pénalités;*

Ils ont ajouté la dérision à la cruauté, en annonçant que nous étions mis en liberté, en même temps qu'ils nous retenaient à la Re-doute; c'est-à-dire que nous restions privés de notre liberté comme auparavant, et en substituant le bannissement pour sept ans à une fixation de résidence, en nous séparant violemment de notre patrie; en nous faisant parcourir sur les mers quatre mille lieues et nous privant ainsi de la possibilité de réparer nos désastres par le travail et par le secours de nos parens et de nos amis!

Si l'on avait été animé envers nous du sentiment qui a présidé à l'amnistie, *comment ne nous a-t-on pas permis de nous rendre à Maurice?*

A qui persuadera-t-on que le gouvernement de cette île n'ait pas voulu nous recevoir, nous que l'on n'accusait d'aucun crime palpable, lorsque notre seul tort était notre opinion connue sur la question de l'esclavage, si heureusement aboli à Maurice, et lorsqu'on ne pouvait nous reprocher aucun de ces faits honteux et dégradans qui soulèvent partout l'indignation des honnêtes gens.

Ce qu'on a craint, c'est que nous ne fussions cités à Maurice comme des exemples vivans des passions des mauvais colons, antagonistes fanatiques de la liberté des hommes de race africaine.

« Qu'ils aillent, s'est-on dit, se perdre au sein de la métropole! *Là leur pauvreté* les obligera de se cacher dans l'obscurité et de recevoir les aumônes qu'on voudra bien leur jeter!

« Il y a eu arrêt de condamnation, cela suffira pour qu'ils soient considérés comme coupables et pour que tout intérêt leur soit dénié!...

« Nous ne sommes plus au temps où la philanthropie avait tant d'empire sur les Français! Les illusions de juillet sont éteintes; on ne pense plus qu'aux intérêts matériels!...

« Qui voudra se donner la peine de fouiller ce volumineux procès? Qui n'aimera mieux croire sur parole qu'ils sont des conspirateurs véritables, qu'ils avaient soif du sang des blancs et qu'ils voulaient rallumer les torches qui ont dévoré les riches habitations de Saint-Domingue? »

Peut-être savait-on à Bourbon qu'on avait vendu dans les

5° Que ce même Code est absolument muet pour le cas particulier de ceux qui le *compromettent* et pour les auteurs d'actes *tendant à attaquer* le régime constitutif de la colonie.

Sans doute, à l'égard d'un individu contre lequel on agirait sans antécédens, il faudrait un acte quelconque de la nature de ceux indiqués par la loi. Mais cet acte préexistait essentiellement chez les amnistiés, soumis, *précisément à cause de cela*, à la surveillance de la haute police et à l'exclusion de *certains lieux*.

D'ailleurs, l'application de l'article n'était réellement pour eux que celle de la disposition du Code pénal (art. 44), réservée par l'amnistie.

Nul ne peut, en effet, contester au Gouvernement, d'après le texte et le sens de l'article 44, et d'après la jurisprudence adoptée, le droit d'interdire, non une ville ou un village, mais *certains lieux aux amnistiés*, c'est-à-dire *les lieux où leur présence est réellement dangereuse.* Or celle des sieurs Houat et consorts compromettait l'ordre public et faisait un appel à la révolte des esclaves par toute la colonie, dans toutes les parties de laquelle ils avaient fomenté la rébellion, et où leur apparition pouvait susciter de graves collisions. Il fallait pourvoir à ces nécessités, soit en vertu de l'article 44 du Code, soit en vertu de l'article 72 de l'ordonnance.

Si l'un avait pu être appliqué sans inconvénient, croit-on qu'on aurait recouru à l'autre? Mais voici l'objection qui se présentait. Ce que le Gouvernement du Roi pouvait faire à l'égard des aministiés, en vertu de l'article 2 de l'acte royal du 8 mai (leur interdire la colonie), le Gouvernement de Bourbon ne le pouvait pas avec le seul article 44 du code pénal. En effet, par rapport à lui, dont l'autorité ne comprend que l'étendue de l'île, les mots *certains lieux* de cet article ne pouvaient pas vouloir dire l'universalité des lieux gouvernés. Le chef de la colonie était donc placé entre la nécessité d'appliquer cet article contrairement à son véritable sens, et celle de lui rendre sa valeur légale en recourant à un autre texte et à d'autres pouvoirs, afin d'ambrasser toute l'île dans la prohibition. Certain qu'il n'usait d'un pouvoir spécial et extraordinaire que pour la meilleure exécution de la loi, il ne pou-

rues de Paris, sous la forme d'une correspondance particulière, les plus odieux mensonges contre nous, à la suite de la
proclamation du gouverneur, et que cette infâme manœuvre
avait été l'objet de plaintes sérieuses auprès de M. Gisquet et
de M. de Montalivet, qui s'empressèrent d'arrêter le cours de
ces publications, dont il est facile de deviner la source.

Sans doute nous n'avons pas le même droit que MM. Bissette, Fabien et Volny à la sympathie des hommes compa-
tissans et généreux ; nous n'avons pas reçu comme eux, quoique innocens, la flétrissure du bourreau.

Mais, plus heureux que nous, ils ont pu recourir à la haute
Cour de cassation et obtenir l'annulation de leur condamnation ; les ordonnances royales qui régissent encore notre
colonie, si éloignée dans l'Océan indien, nous refusent ce droit.

Mais nous sera-t-il défendu de solliciter la révision de notre
procès au moins par la voie de la commission instituée au
département de la marine, et de solliciter l'anéantissement
des énormes frais de procédure par lesquels *nous sommes expropriés de nos biens ?*

Forts de notre innocence, nous nous soumettrions avec joie
à cette nouvelle épreuve.

Si cette faveur nous est refusée, nous demandons, du moins,
Monsieur le ministre, que reconnaissant l'évidente illégalité
de l'arrêté du 20 octobre 1837, et l'abus qu'on a fait de votre
nom, l'énormité qu'on a commise en annulant une grâce
émanée du roi, vous nous autorisiez à retourner dans notre
patrie, à revoir nos parens et nos amis, et à leur demander les
consolations et les secours qui peuvent seuls nous faire oublier l'injustice dont nous avons été les victimes.

43.—*Par une décision royale du 9 octobre 1830, le gouvernement du roi a assigné une indemnité à MM. Bissette et Fabien sur la
caisse de la Martinique.*

· *La caisse de Bourbon a une réserve considérable ;* c'est son Conseil colonial qui a provoqué contre nous des poursuites extraordinaires. C'est l'opinion du parti dominant alors (aujourd'hui
déconsidéré par ses excès mêmes) qui a pesé dans la balance
de la justice et érigé en complot des paroles qui ne pouvaient
être qu'imprudentes, et que la métropole, qui partage nos

vait hésiter. Il devait appliquer l'article le plus large parce qu'il offre le plus de garanties à la tranquillité du pays, que son premier mandat était d'assurer.

Pour ces sortes d'actes, le gouverneur a seul l'initiative et la responsabilité; mais l'administration entière y a concouru sur l'appel du gouverneur, comme à une mesure de salut autant que de prévoyance.

On le voit donc, la question soulevée par M. Houat, et discutée par quelques journaux, n'est que celle-ci : Faut-il annuler l'article 2 de l'ordonnance d'amnistie et l'article 44 du Code pénal, et retirer aux gouverneurs leurs pouvoirs spéciaux ? Qu'on le fasse si c'est juste, mais que jusque là on admette comme un droit l'exécution de la loi.

Une autre question est encore de savoir si M. le contre-amiral Cuvillier a opportunément usé de ses pouvoirs. Celle-là, je le pense, ne peut être douteuse. Celui qui, dans des circonstances qu'il croit graves, assume une grande responsabilité, ne le fait naturellement qu'avec la plus grande circonspection, et est le meilleur juge des circonstances qui se rencontrent.

43. Ce que le roi a fait en 1830 pour Fabien et Bissette, il pouvait le faire; mais aujourd'hui la loi du 24 avril remet au Conseil colonial le vote du budget (dépenses et recettes). Aucune autorité n'ordonnancerait une dépense non votée. Qui donc, aujourd'hui que Houat a comblé la mesure de la calomnie contre son pays, pourrait venir demander un crédit à ses représentans pour *l'indemniser*. L'indemniser de quoi ? Où sont ces biens dont il se dit, lui et les siens, *expropriés ?*

sympathies, ne peut trouver criminelles ainsi, qu'on a voulu les peindre.

Nous avons protesté et nous protestons encore, et les écrits saisis chez Timagène, l'un de nous, ont d'ailleurs révélé que nous abhorrions tout moyen de violence dans la réforme de la constitution coloniale ; que nous sentions que les esclaves émancipés ne peuvent se passer de la protection de la métropole et de la bienveillance des blancs, leurs aînés en civilisation ; que nous-mêmes, qui faisons des vœux pour leur prompte émancipation, reconnaissons la nécessité de fonder la famille par le mariage, de rétablir les sentimens de moralité par la religion.

L'amnistie a été pour la métropole le point de départ d'une nouvelle ère qui a plus que toute autre contribué à améliorer toutes les sources de la prospérité publique ; elle a donné à notre auguste monarque l'occasion de satisfaire son cœur bienfaisant et de recueillir de nombreuses bénédictions ; cette amnistie est le plus beau titre du ministère à la reconnaissance de la patrie !

Que cette amnistie soit donc sacrée pour les colonies comme pour la métropole ; elle n'y produira pas de moins beaux fruits ; là plus qu'ailleurs on a besoin de rapprochemens, on a besoin de préparer les esprits au grand œuvre qui ne tardera pas à s'accomplir.

44. — *Le gouvernement métropolitain a déjà donné un salutaire exemple par la dissolution d'un Conseil* qui menaçait de rompre avec la métropole. Les bons citoyens de Bourbon ont fait justice des brouillons et des esprits intraitables.

Notre retour dans notre patrie sera un nouveau gage de l'esprit de justice et de fermeté de ce Gouvernement que les infortunés n'implorent pas en vain.

Vous êtes digne, Monsieur le ministre, de comprendre tout ce que la décision que nous sollicitons aurait de juste, d'humain, de généreux et de politique.

Nous l'attendons avec une respectueuse confiance, et nous sommes, etc.

L.-T. Houat ; J.-B. Marcelin ; Élie Ferrié ;
P.-L. Jolimont.

Paris, 10 mai 1838.

44. Ce n'est pas le Gouvernement métropolitain qui a donné ce salutaire exemple : c'est le Gouvernement local, et en cela il a été hautement approuvé par le ministère et par toutes les opinions.

VIII.

Il m'a été pénible d'entrer dans de pareils détails. Le sentiment de mes devoirs envers la France, la colonie et le Gouvernement de Bourbon, la conservation de mon honneur mis en doute, pouvaient seuls m'y contraindre.

Je n'en veux pas aux amnistiés au nom desquels M. Houat a publié son *Mémoire* : il les traîne à sa suite ; il compromet leur ignorance, et les immole à sa manie de la célébrité. Il les a jetés dans cette voie avec le même égoïsme qu'il les avait entraînés dans ses projets criminels. Il est parvenu à les rendre pour long-temps irréconciliables avec un pays où tout s'use avec rapidité, où les ressentimens ne vivent que lorsqu'ils sont réchauffés. Il y avait envenimé, par ses odieuses menées, des plaies cachées que la société coloniale ne s'avouait pas à elle-même, et qu'un Gouvernement sage et modéré cicatrisait à petit bruit. Il les a rouvertes ici avec éclat par les attaques calomnieuses de son *Mémoire*. C'est aussi pour cela que je m'adresse à lui seul dans cette réponse.

On a vu que son *Mémoire* contient presque autant de mensonges que de lignes.

Comment se fait-il donc qu'un homme aussi distingué par son talent que par le rang qu'il occupe, qu'un homme justement célèbre par la protection qu'il a vouée aux esclaves, par le patronnage qu'il professe pour les gens de couleur, ait accepté sans hésitation la moralité de ce *Mémoire*, qu'il en ait soutenu le principe ? Sa générosité n'a vu dans cet écrit qu'une plainte en violation de la loi ; elle n'a pas pu discerner le piége tendu à sa loyauté. Il a accordé au *Mémoire* l'appui de sa haute influence, ne pouvant certainement croire que sous cette égide imposante on attaquerait avec audace la chose jugée, qu'on déverserait à pleines mains l'infamie sur la magistrature, dont il est un des plus illustres membres, sur le Gouvernement de Bourbon, qui ne fut qu'un missionnaire d'ordre et de conciliation, et pour lequel il avait naguère trouvé des louanges *, enfin sur l'héritier d'un nom honorable, qu'il traitait autrefois avec quelque estime. Lui, magistrat inamovible, et par conséquent invulnérable, il a, du haut de son siége, condamné sans l'entendre un magistrat du parquet, et de sa pleine autorité il l'a démis de ses fonctions **, pour des faits étrangers à son ministère. Il savait bien pourtant que dans le débat public de cette affaire je m'obstinais à garder un silence qui n'était qu'un acte d'abnégation de ma part.

Autorisée par un si notable exemple, la presse, qui souvent se repaît de douteux alimens, n'a pu discerner à son tour où était la vérité. Elle n'a vu que le nom dont M. Houat s'était recouvert, qu'il s'était pour ainsi dire approprié. Elle n'a pas su qu'il y avait beaucoup d'hommes de couleur, propriétaires, électeurs, éligibles, qui repoussaient M. Houat; qu'entre ceux-ci et ceux qui l'adoptaient il y avait un choix à faire et que ce choix pouvait engager tout l'avenir d'un homme politique. Elle n'a pas senti qu'en confondant étroitement la fatale cause de M. Houat avec le nom de l'illustre protecteur qui sollicitait une seconde amnistie pour lui, elle donnait aux amis de ce condamné, si dans des jours néfastes ils parvenaient à rallumer leurs torches, le droit de jeter ce nom comme un drapeau au milieu d'une mêlée coloniale et d'une grande catastrophe.

J'abandonne ces douloureuses réflexions à l'opinion publique, à l'équité du ministère, à l'homme de conscience qui leur a déféré cette cause. Pour moi, je le déclare, je n'ai invoqué la vérité des faits, le témoignage de tout ce qui a connu le procès de décembre 1835, que parce que des esprits prévenus leur ont préféré le seul témoignage de M. Houat.

Mais comment se fait-il que le procureur général de Bourbon se trouve seul responsable au premier chef devant des légistes pour un acte qui n'est pas de son domaine. Pour son exécution, cet acte a été contresigné des trois chefs d'administration. Aucun d'eux n'en répudie sans doute la responsabilité.

---

* Dissolution du Conseil colonial.
** Lettre insérée aux journaux du 6 août et jours suivans.

relative ; mais la loi elle-même interdisait de s'adresser à eux, et spécialement à moi [*].

Ou c'est pour le débat judiciaire que l'on m'attaque, et alors je réponds par les paroles du défenseur de M. Houat (page 12 — V) ; ou c'est pour ma conduite administrative, et alors je réponds par sept années d'approbations, ou c'est enfin pour ma mauvaise foi, mon caractère déchu , et alors je répondrai par des témoignages qui valent celui de qui que ce soit.

Je donne aux *éclaircissemens* K , la lettre que j'écrivais à M. Teste, avocat et député, connu de toute l'Europe, et la réponse de mon honorable ami.

« Croyez, me dit-il après avoir rapporté les circonstances « dans lesquelles il était placé lorsqu'il signa la réclamation « en faveur des amnistiés, croyez que j'éprouve une bien vive « satisfaction à pouvoir écarter de moi le reproche d'avoir ac- « crédité, par mon concours, des imputations susceptibles de « nuire à l'un des hommes que j'estime et que j'aime le « plus..... Je suis prêt, dans toutes les circonstances, à me « rendre garant de votre respect pour les lois et de votre fi- « délité à tous vos devoirs. »

Après un tel témoignage offert par M. Teste, dès qu'il sut le tort que pouvait me faire sa signature apposée au bas de la réclamation rédigée en faveur des amnistiés de Bourbon, il était inutile que je fisse aucune démarche auprès des autres députés qui l'avaient signée. J'étais assuré que l'on me rendrait la justice qui m'est due, et que l'on me ferait l'honneur de croire que je n'avais ni avili mon nom, ni oublié mes précédens.

<h2 style="text-align:center">IX.</h2>

Mettons donc de côté la justice du pays : elle n'a pas failli à ses devoirs.

Mettons de côté la chose jugée : elle est au-dessus de la discussion.

---

[*] Article 78 de l'ordonnance du 21 août 1825.

Mettons de côté les questions de couleur et d'émancipation ; car ce n'était ni pour relever la classe de couleur de sa déchéance, ni pour faciliter l'émancipation que M. Houat conspirait.

N'envisageons que la question légale et celle d'ordre public.

MM. Houat et consorts n'ont pas été *déportés* de la colonie *au mépris de l'amnistie*, mais *exclus, conformément à la loi*, d'un pays où leur présence était une cause inévitable de trouble, à laquelle il ne fallait pas donner un nouveau degré de surexcitation.

Pour avoir projeté un désordre plus grand, seront-ils les seuls pour lesquels l'article 2 de l'amnistie du 8 mai restera sans *effet?* L'arrêté du gouverneur, du 20 octobre 1837, sera-t-il radicalement annulé ou virtuellement abrogé ? seront-ils renvoyés prématurément à l'île Bourbon ? Un sentiment de haute convenance m'interdit de parler de ce qui a été ou de ce qui pourra être fait à cet égard, et d'exposer ici les conséquences d'une mesure aussi grave pour la colonie que par rapport aux déductions politiques qui en découleraient ailleurs.

Je me bornerai à de rapides indications, prises dans un autre ordre d'idées, mais qui ne sauraient être sans poids.

Que l'on annule l'acte du gouverneur, et M. le contre-amiral Cuvillier, à son arrivée prochaine de Bourbon, est appelé devant les tribunaux en réparation du préjudice qu'il aura causé ; les trois chefs d'administration qui ont contresigné son acte y sont appelés à leur tour, et sont réduits à décliner, la loi à la main, leur solidarité légale dans cet acte. Veut-on ne s'adresser qu'à un seul, le procureur général ? Mais à quel titre une semblable préférence ? Serait-ce que sa conduite judiciaire aggraverait sa position ? C'est donc comme expression de la Justice dont il est le chef qu'un blâme immérité s'attacherait à lui ? Mais que fera-t-on alors pour la Cour d'assises, pour la chambre d'accusation *, pour le procureur du roi **, pour

---

* M. Dauplein, cet homme dont la haute moralité est garantie par d'illustres témoignages, en faisait partie, et même il en a rédigé l'arrêt.
** Il vient d'être décoré, et jamais croix ne fut plus honorablement placée.

le juge d'instruction, tous groupés derrière lui. Non, je ne puis admettre que nous soyons tous flétris, magistrats et administrateurs, parce que M. Houat a menti audacieusement au Roi et à la France, parce qu'il a été exclu du pays par application d'un article de loi plutôt que d'un autre, parce qu'il a surpris la bonne foi d'un député.

Sans doute les mesures de haute police doivent naturellement être modifiées par le temps et les circonstances, car l'exil use bien vite les causes de trouble, et il doit ouvrir une large porte à l'indulgence. On ne doit même jamais la fermer, afin d'y laisser passer, lorsqu'ils sont refroidis, ceux qui ne menacent plus l'existence des populations. Mais autre chose est de répandre opportunément des grâces sur des hommes égarés qui reviennent, autre chose de déclarer que les apôtres du massacre sont des victimes dignes du plus vif intérêt, qu'eux seuls, en un mot, ont eu raison contre tous.

Si parler ainsi c'est chercher à influencer la décision souveraine (lettre L, aux *éclaircissemens*), qui est bien au-dessus de pareilles suggestions, je le ferai sans hésiter, avec la conscience que j'apporte à tous mes devoirs, avec l'espérance que ma voix sera entendue.

Puisque M. Houat a fait un appel au Roi et à la presse, en se portant accusateur, à l'occasion d'une grâce royale, on doit trouver juste que j'aie plaidé la cause du Gouvernement de Bourbon et la mienne, pour en appeler de ses moyens de droit au Roi mieux informé, et de ses calomnies à l'opinion du pays.

Éclaircissemens

ET

NOTES.

A. *Page* 12.

Dans la Relation imprimée, pages 194 et 344, on trouve ce qui suit au sujet de ce Fomboisy.

Si vous avez voulu faire de cette lettre une provocation vis-à-vis de Houat, vous êtes un infâme. Les peines de la loi pourront ne pas vous atteindre, mais les stygmates de l'opinion sont là, et vous en êtes à jamais flétri.

...... Entre un crime énergique, et une bassesse flétrissante, il n'hésite pas....

L'aveu de Fomboisy est consigné à la page 153 de la même Relation.

B. *Page* 15.

Afin qu'aucun doute ne puisse s'élever, je citerai encore un fragment de mon exposé de l'affaire devant la Cour d'assises. —Page 40 de la Relation imprimée.

Cependant depuis six années aucune distinction légale n'existait plus entre les citoyens. Nous marchions tous sans répugnance, et la plupart avec ardeur, dans la voie du progrès et de la fusion des classes. C'était merveille pour les esprits observateurs de voir avec quelle rapidité s'effaçaient les traces d'une séparation creusée par 150 ans (1649) d'une législation contraire. Si des impatiences s'éveillaient encore en rencontrant çà et là la racine non encore extirpée de quelques vieux préjugés sur la route tracée par le mouvement civilisateur du siècle, tous les esprits modérés et calmes s'applaudissaient de voir s'accomplir, avec une action toujours accélérée, les seules et réelles améliorations aux vices de notre ancien état social. Chacun cachait avec soin, comme les parties honteuses de sa pensée, le reste de ses anciennes répulsions, ou des prétentions nouvelles. Chaque classe, poussée comme par un instinct de sagesse, bien plutôt senti que raisonné, par la conscience des choses réellement bonnes et profitables, avait reçu et donné des gages à la concorde, même dans nos assemblées publiques.

Tout semblait donc nous promettre un long repos. Aucun danger ne semblait plus à craindre de l'ennemi intérieur, parce que notre union faisait notre force....

Heureusement, disais-je ensuite en parlant des projets des accusés (page 45 de la Relation), le bon esprit des hommes de couleur les plus avancés n'a point adopté de pareils sentimens. Cette partie de la population n'a pas fait sienne cette querelle de prétentions à laquelle on cherchait une sanglante issue. Elle a senti qu'elle devait confondre ses intérêts avec les nôtres, parce qu'ils leur sont indissolublement unis par la loi et par la volonté du Gouvernement de juillet. Elle a compris que toute séparation fondée sur une pareille cause ne serait ni équitable ni légitime, et que les moyens en seraient odieux. Elle sait bien que le temps seul amènera le nivellement plus radical qu'elle a droit d'attendre.

De son côté, Me Sigoyer, défenseur de M. Houat, disait, après un brillant exposé de la situation respective des deux classes. — Page 221 de la Relation.

Désormais nous pouvions être tranquilles ; la fusion des deux populations était faite chez nous ; comme les Antilles, nous n'avions plus de secousses intérieures à craindre : et pourquoi ? Ce que la population de couleur réclamait si fortement là-bas, la population blanche l'avait fait ici.

C. *Page 23.*

Voici en quels termes je rendais compte, dans le procès, de ma manière d'entendre l'égalité des classes et d'une prétention au privilége. — Page 43 de la Relation imprimée.

L'égalité de toutes les classes ! Écartons d'abord les esclaves. L'égalité absolue entre les blancs et les *hommes de couleur*, tranchons le mot, car il faut une dénomination connue à un fait déterminé. L'égalité ! Oui, l'Évangile et nos lois nous ont fait égaux, et nous acceptons avec joie cette justice, disons plus, cette réparation, et nous en hâterons le développement de tous nos efforts. Mais que ce mot magique d'égalité ne veuille pas dire supériorité ! Et cependant, Thimagène, vous l'avez dit vingt fois, et vos paroles seront bien souvent répétées ici : « Il faut que le pays appartienne à la couleur brune. » Mais attendez donc que le cours inévitable des choses vous ait fait les plus nombreux, qu'il vous ait rendus propriétaires de la plus grande partie du sol, que votre éducation et vos lumières, plus étendues et plus fortes que les nôtres, vous aient donné une prépondérance nouvelle.

Pour' une telle révolution , vous ne rencontrerez ni contradicteurs ni préjugé. Mais une minorité en nombre , en lumières, en richesses, ne saurait précipiter son avènement sans une révolution violente , et toute révolution qui intervertit l'ordre naturel des choses et bouleverse la société est un crime.

Oui, c'était supériorité et privilége que vous aviez voulu sous le nom d'égalité. Nous pourrions citer à cet égard de bizarres prétentions. Un seul fait, qui nous est personnel, pourra faire juger de cette tendance. A notre arrivée dans la colonie, un homme, d'ailleurs estimable, mais dont la catastrophe commerciale de 1829 avait ruiné les espérances, s'adressa à nous pour obtenir un emploi qui dépendait de l'administration de la justice. Il y était apte : il se présentait en sa qualité d'homme de couleur, et arguait de cette position autant que de sa capacité. Nous sentions tous qu'il fallait donner des gages à la fusion des classes, et cette personne fut inscrite en tête de la liste des candidats pour le premier emploi vacant. En effet, un an après, un emploi semblable vint à vaquer dans les quartiers : nous fîmes appeler cette personne et la prévînmes que nous allions la présenter en première ligne à M. le gouverneur. Elle nous dit alors que son domicile étant à Saint-Denis, c'était seulement au chef-lieu qu'elle voulait être nommée. Nous représentâmes qu'il n'y avait pas d'emploi vacant à Saint-Denis. Elle nous dit qu'il fallait en créer un. Nous objectâmes d'abord l'inutilité, puis la loi qui limitait ces emplois. Elle nous répliqua que nous devions faire changer la loi ; que comme représentant d'une population long-temps lésée dans ses intérêts et ses droits, elle réclamait ce dédommagement, et qu'il lui était dû. Alors, Messieurs, nous lui déclarâmes que , selon nous, si le principe de l'égalité pouvait, dans la circonstance , entraîner une faveur, une préférence dans la candidature, elle ne pouvait jamais aller jusqu'à défaire les lois pour satisfaire à une prétention , ni se formuler en privilége. Nous avions compris toute la portée des vœux du pétitionnaire ; nous refusâmes. Il écrivit au ministre, qui rendit justice à notre conduite.

Voilà, Messieurs, une manière d'entendre l'égalité que nous n'avons jamais adoptée, que nous ne professerons jamais. Voilà celle qu'entendait Thimagène Houat, celle dont les désappointemens l'ont conduit, par une pente rapide, au crime que nous poursuivons.

Le défenseur de Lamour disait à son tour : — Page 259, même Relation.

Dans cette enceinte nous avons été surpris d'entendre dire que les accusés pouvaient être ulcérés de ce que, dans la vie privée, nous les tenons en dehors de nos mœurs et de nos relations intimes ; comme si la fusion sociale pouvait s'improviser et devenir l'œuvre d'un moment. Et depuis quand peut-on imposer à une société des communications que le temps seul doit amener? Tout ce que peut faire la constitution la plus libérale, c'est de proscrire toute distinction de naissance ou d.

caste, et de rendre égaux devant la loi tous les membres du corps social.

Qu'on jette les yeux sur la France, dont le nom seul exprime une terre de liberté, on n'y trouvera pas moins d'inégalités qu'en aucun pays du monde. Chez quel peuple en effet vit-on jamais guerrier couvert de glorieuses cicatrices, le magistrat blanchi sous la toge, l'homme dont les vertus patriotiques méritèrent les suffrages de ses concitoyens, le philosophe et l'homme de lettres qui éclairèrent leur patrie par leurs immortels écrits, confondus avec l'ignorant, l'homme inutile, dépourvu des avantages de la science, ou que l'opinion publique frappe de réprobation ? Or, pourquoi voudrait-on refuser aux gens de couleur un sens assez droit pour leur faire dire que chez eux la faveur doit suppléer au mérite, que leur position doit être pour eux un privilége.

M. Monginet, président de la cour royale, disait à six des accusés en leur prononçant l'arrêt d'acquittement.

Vous avez invoqué l'égalité sociale ! Ignoriez-vous donc que depuis qu'il existe des sociétés c'est la même invocation qui a servi de levier aux plus mauvaises passions, de prétexte aux ambitieux et aux perturbateurs de tous les pays ?

Hommes libres de couleur, nous vous le répétons, nos droits sont les vôtres. Si vous en réclamez d'autres que ceux qui nous sont communs par les lois qui nous régissent, si vous aspirez à des rangs plus élevés dans la société, ces rangs, ces prérogatives ne sont pas du domaine de la loi ; on ne les obtient, vous le savez, que par la confiance qu'inspirent les bonnes mœurs, par la considération qui s'attache à la probité, par des habitudes qu'on n'acquiert qu'avec le secours du temps.

De quel droit réclameriez-vous une égalité qui n'existe nulle part sans les conditions qu'il n'appartient qu'à la société de fixer.

Faut-il donc tant d'efforts pour savoir qu'à Bourbon comme en France, comme dans tous les pays civilisés, on ne s'honore que par la vertu, on ne s'élève que par l'intelligence et une raison cultivée, on ne se distingue que par les avantages de l'esprit ou de la fortune honorablement acquise.

La saine et nombreuse partie de la population à laquelle vous appartenez n'est pas, nous le savons, restée sourde à ces vérités ; elle a gardé le respect de la propriété avec l'obéissance aux lois ; elle n'a pas moins frémi que la population blanche d'un crime qui devait l'envelopper dans une ruine commune.

Vous que la justice vient d'absoudre, vous aussi qui avez peut-être échappé à ses investigations, et vous encore que le flambeau de la vérité n'avait pu éclairer jusqu'à ce procès, restez à jamais pénétrés du solennel avertissement que vous venez d'en recevoir ; proclamez à votre tour les doctrines conservatrices que vous avez entendues dans la bouche éloquente du ministère public et dans celle des défenseurs, auxquels la loyauté et le patriotisme n'ont point failli dans une cause qu'ils auraient sauvée si les ressources du talent pouvaient quelque chose contre l'évidence.

Vous donc qu'ils ont défendus , et vous qu'ils ont éclairés , propagez autant qu'il sera en vous , avec l'élan de la reconnaissance , les paroles et les conseils que vous avez entendus , comme des symboles de paix et des gages de sécurité ; et si , ce qu'à Dieu ne plaise , le génie du mal venait à planer encore sur cette colonie , que vous soyez des premiers à la préserver des crimes et des malheurs dont elle serait menacée.

D. *Pages* 24 *et* 25.

On concevra difficilement que M. Houat ait assez compté sur mon absence ou ma longanimité et sur la simplicité des lecteurs pour altérer si profondément la citation qu'il fait à cette note des mémoires de mon père. Je reproduis cette note, en rectifiant sur les mémoires de Barbaroux.

« La cérémonie quelle qu'elle soit par laquelle un père trans-
« met son nom à son fils est bien intéressante pour un père. Le
« mien fut appelé Ogé Barbaroux.

» Ogé était un homme de couleur venu (AJOUTEZ : *de Saint-*
«*Domingue*) en France (AJOUTEZ : *avec Raymond*) pour y récla-
« mer des droits que le code noir (LISEZ : que *Louis XIV*) lui-
« même n'avait pas méconnus. Ayant appris (LISEZ : *il combattait*
« *avec les armes de la raison les affreux systèmes de l'hôtel Massiac,*
« *lorsqu'il apprit*) que la persécution ou l'intrigue des blancs avait
« fait soulever quelques mulâtres, il retourna à Saint-Domingue
« POUR ARRÊTER UN MOUVEMENT qui pouvait rendre odieuse la plus
« belle cause (AJOUTEZ : *et pour sauver à la fois les blancs et ses*
« *frères ; à son arrivée, les choses étaient trop avancées pour tenter*
« *un accommodement*) : les blancs avaient eux-mêmes soulevé
« les ateliers des noirs, insurrection qu'ils ont ensuite voulu
« attribuer aux écrits des philosophes et aux hommes de cou-
« leur (LISEZ : *les blancs avaient eux-mêmes soulevé les ateliers* DES
« HOMMES DE COULEUR ; *les premiers, ils avaient donné le signal*
« *de l'insurrection des nègres , qu'ils ont ensuite voulu attribuer aux*
« *écrits des philosophes et aux mulâtres*). Ogé est fait prisonnier
« dès son arrivée, et les blancs le font expirer sur la roue (LI-
« SEZ : *Ogé, à la tête des siens, fut d'abord victorieux : il enveloppe un*
« *parti de blancs, le fait prisonnier , lui pardonne et le renvoie,*

« *Peu de temps après il est lui-même enveloppé par les blancs,* il est
« pris, et les blancs le font expirer sur la roue), etc. »

E. *Page* 26.

Voici un fait qui prouvera peut-être que je n'ai pas manqué
de fermeté dans l'exercice de mes fonctions :

M. D..., l'une des personnes les plus riches de Saint-Denis,
et qui a quelque influence dans la jeunesse, avait été désigné
assesseur par le sort. Il ne se rendit pas à l'appel de la justice,
détourné par un motif futile. Voici les réquisitions que je pris
contre lui :

Dans des circonstances aussi grav s , lorsque la ju-tice invite les citoyens à prendre part à ses actes , se dérober sans motif d'excuse légitime à un devoir aussi sacré , vouloir le faire incomber à d'autres , c'est
un manquement grave envers la société.

Par ces motifs :

Vu les articles 403 du Co le d'instruction criminelle et 229 de l'ordonnance d'organisation judiciaire ;

Attendu que d'un procès-verbal que nous avons fait dresser par l'inspecteur de police il résulte que le sieur D... , assesseur tiré au sort
le 11, é ait à déjeûner chez la dame Ver au moment où l'huissier s'y est
présenté pour lui signifier le nouveau tirage et l'ordonnance de M. le
président ; qu'il n'a pu ignorer cette venue et son objet ;

Que lorsqu'il s'agit de remplir un devoir aussi grave dans une affaire
qui émeut le pays, se soustraire à ce devoir est un acte éminemment ré-
préhensible et par l'opinion publique et par la justice ;

Nous requérons qu'il plaise à la Cour condamner le sieur D... à
500 fr. d'amende, et ordonner que l'arrêt à intervenir sera affi hé à
ses frais.

F. *Page* 35.

Texte de la loi du 24 avril 1833.

Art. 2. Sont faites par le pouvoir législatif du royaume :

1º..... 2º Les lois civiles et criminelles, concernant les p rsonnes *libres*, et les lois pénales déterminant , pour les personnes *non libres*, les crimes auxquels la peine de *mort* est applicable.

Art. 3. Il sera statué par ordonnances royales.. :

1º..... 7º Sur les dispositions pénales applicables aux personnes *non
libres*, pour tous les cas qui n'emportent pas la peine capitale.

D'après ces dispositions, la loi pénale non capitale des esclaves ne peut être faite et par conséquent abrogée que par
ordonnances.

Voici ce que je disais au sujet de la non révélation dans mon premier réquisitoire, page 195 de la Relation imprimée :

La nouvelle loi a fait disparaître du Code le crime de non révélation. Autrefois, l'individu qui avait connaissance d'un complot et qui ne le révélait pas était passible de peines graves ; la loi de 1835 l'absout. C'est ce qui fait, Messieurs, qu'Alexis Lucine n'est pas traduit devant vous ; la chambre d'accusation ne l'a considéré que comme non révélateur. Lucine n'est point coupable ; cependant, quatre individus comparaissent devant la Cour, accusés de non révélation ; pourquoi ? C'est que Lucine est un homme libre et que les autres sont esclaves. Comme la discussion se portera probablement sur ce point, comme il sera probablement demandé pourquoi la loi, si favorable au premier, ne serait point applicable aux autres, nous avons cru devoir nous en expliquer dès ici. La nouvelle loi qui a modifié les peines en matière de complot, qui à la peine de mort a substitué celle de la déportation, n'est applicable qu'aux personnes de condition libre, et ne peut profiter aux esclaves, parce qu'en vertu de la Charte coloniale la législation relative aux esclaves, pour tous les cas qui n'entraînent point la peine de mort, est tout entière réservée à l'ordonnance royale, et qu'aucune ordonnance n'était intervenue pour leur appliquer cette loi, ils restent forcément sous l'empire de l'ancienne. Telle est notre position à l'égard des quatre individus accusés ici de non révélation.

G. *Page 43.*

Voici le résultat des différentes parties de la procédure par chacun des accusés.

NOMS des CONDAMNÉS.	AVIS du Juge d'Instruction. — Renvoi.	CONCLUSIONS.		ARRÊTS.		NOMBRE DE VOIX sur 7.
		PROCUREUR du Roi. — Renvoi.	PROCUREUR général. — Renvoi.	CHAMBRE d'accusation. — Renvoi.	COUR d'assises.	
Houat , amnistié.	Aux assises.	Aux assises.	Aux assises.	Aux assises.	Déportation.	Unanimité.
Lamour , id.	Idem.	Idem.	Idem.	Idem.	Idem.	Idem.
Catherine , id.	Idem.	Idem.	Idem.	Idem.	Idem.	Idem.
Chryseuil , id.	Idem.	Idem.	Idem.	Idem.	Idem.	Idem.
Marcelin , id.	Idem.	Idem.	Idem.	Idem.	Détention.	Idem.
Jolimont , id.	Idem.	Idem.	Idem.	Idem.	Idem.	6 contre 1.
Ferrié , id.	S'en rapporte à prudence.	Idem.	Idem.	Idem.	Idem.	5 contre 2.
Salez , id.	Idem.	Idem.	Idem.	Idem.	2 ans de prison.	6 contre 1*.

* Sur *l'acte commencé* réponse négative.

La chambre d'accusation renvoya de la plainte les sieurs Violaine, Lucine, Drozin, Ferrière, Gossiome et Malachie, et les esclaves Julien, André, Joson, Amédée et Auguste.

La cour d'assises acquitta

Les sieurs Chéry-Florentin, Villiers, Antoine, Fomboisy, Bachelier et Zéline;

Elle déclare le sieur Floricourt exempt de toute peine.

H. *Page 43.*

Dans mon réquisitoire je disais encore, page 181 de la Relation:

Pour nous, nous l'avons déjà dit, chargé de demander justice au nom de la société menacée d'une manière si fatale, nous ne demandons que justice. Nous pensons que ni l'opinion extérieure, ni le sentiment du danger que chacun a pu croire avoir couru, ne peuvent avoir aucune influence dans cette enceinte ; que les témoignages seuls doivent être avec soin pesés par la conscience du juge, et qu'il doit les réduire à leur plus simple expression. Nous fuirons, comme vous le voyez, toute exagération dans le rôle légal, dans le rôle sacré qui nous est confié ; la vérité avant tout, telle est notre maxime, tel est plus que jamais le cercle dans lequel nous devons graviter.

Des préjugés existent, des erreurs peuvent se répandre; le magistrat doit rester impassible : quelle que soit sa décision, la société émue doit se rasseoir pour rentrer dans ses voies normales et satisfaire au besoin qu'elle a d'union et de concorde.

K. *Page 72.*

LETTRE A M. TESTE, DÉPUTÉ.

Paris, 11 juillet.

Mon cher Monsieur TESTE,

Un écrit intitulé MÉMOIRE *pour le sieur Houat et autres, hommes de couleur, déportés de l'île Bourbon au mépris de l'amnistie royale du 8 mai 1837*, vient d'être publié. L'auteur l'a fait suivre immédiatement d'une apostille développée par laquelle plusieurs honorables députés réclament de M. le ministre de la marine que ces individus exclus de la colonie y soient renvoyés et indemnisés aux frais du trésor public. Votre nom figure au bas de cette apostille qui, pour des lecteurs inattentifs, et il y en a beaucoup, semble être la sanction du Mémoire.

Je ne doute pas qu'en exprimant une opinion sur la mesure d'exclusion prise par le Gouvernement local dans la limite des lois et dans l'intérêt de l'ordre public, les honorables signataires de l'apostille, et vous en particulier, vous n'ayez pas entendu prêter l'autorité de votre nom aux odieuses calomnies dont le Mémoire est semé. La plupart sont dirigées contre moi, et sont de nature à marquer du sceau de l'infamie un nom jusqu'ici sans tache et un caractère qui n'a jamais failli à la mission du progrès et aux sentimens de l'honneur.

Comme chef et organe du ministère public, j'ai poursuivi sans passion, comme sans faiblesse, quelques hommes qui avaient formé et allaient réaliser le projet de faire de l'île Bourbon un autre Saint-Domingue, et je me suis attaché, dans tout le cours de cet immense procès, à séparer profondément la cause de la classe paisible des hommes de couleur de Bourbon, de celle de ces fanatiques conspirateurs. Plus tard, et comme administrateur, j'ai d'abord contribué à adoucir le sort des condamnés, et ensuite appuyé une mesure d'exclusion commandée par l'état du pays, autorisée par les articles 2 de l'ordonnance d'amnistie, 44 du Code pénal et 72 de l'ordonnance constitutive du pays (21 août 1825), mesure dont le gouverneur *seul avait l'initiative, et la responsabilité.* Ma conscience de magistrat, d'administrateur et d'homme privé m'imposait chacun de ces devoirs, et je les remplirais encore à l'occasion. Je ne repousse donc ni la responsabilité de mes paroles judiciaires, ni la solidarité d'un acte administratif que j'ai contresigné.

Sur cet acte en lui-même les opinions pouvaient varier, et chacun peut en apprécier la légalité d'après ses propres lumières.

Mais je repousse avec une juste indignation les sentimens que me prête et la conduite que m'impute le *Mémoire* des amnistiés de Bourbon ; et comme il est impossible que vous ayez admis un seul moment que cette conduite et ces sentimens n'ont pas été honorables, je désire que vous m'autorisiez à affirmer que vous n'aviez pas eu connaissance des outrages que me prodigue ce *Mémoire*, lorsque vous avez appuyé de l'influence puissante de votre nom la réclamation des amnistiés.

Agréez, je vous prie, l'assurance de mon sincère attachement.

Signé O.-C. BARBAROUX.

RÉPONSE DE M. TESTE.

Mon cher Barbaroux,

Je suis heureux d'être remis, par votre lettre du 11 de ce mois, sur la voie de la demande adressée par plusieurs députés et par moi, le 27 mai dernier, à M. le Ministre de la marine et des colonies, en faveur de quelques hommes de couleur de l'île Bourbon, condamnés par les tribunaux ou exclus par les autorités de cette colonie, et demandant à y être renvoyés avec indemnité.

Je vous remercie de m'avoir fourni l'occasion de déclarer :

1° Que je ne savais pas et n'avais pas à savoir, lorsque j'ai signé la note qui contient cette demande, qu'elle serait imprimée, soit comme annexe, soit comme pièce justificative, à la suite soit d'un mémoire, soit d'une réclamation, soit d'une publication quelconque émanant des hommes en faveur desquels ma signature avait été sollicitée.

2° Que je ne connaissais pas et n'avais pas à connaître le mémoire auquel cette note a été, depuis, annexée. Si, le voyant, j'y avais trouvé des incriminations directes ou indirectes contre les actes de votre administration, cette seule circonstance m'aurait mis en grande défiance, parce que je vous connais assez pour être prêt, dans toutes les circonstances, à me rendre garant de votre respect pour les lois et de votre fidélité à tous vos devoirs.

3° Que cette note m'a paru n'emporter, en rien, jugement des actes accomplis dans l'île Bourbon sur l'accusation de complot, et constituer simplement un appel à l'humanité du ministre sur les suites résultant de la mesure de haute police qui a fait transférer les condamnés en France.

4° Enfin, que cette note n'est pas une *apostille* en ce sens qu'elle n'était pas destinée à se rattacher au Mémoire, aux personnalités duquel il serait contraire à ma pensée d'en étendre l'effet.

Croyez que j'éprouve une bien vive satisfaction à pouvoir, en constatant ces faits, écarter de moi le reproche d'avoir accrédité, par mon concours, des imputations susceptibles de nuire à l'un des hommes que j'estime et que j'aime le plus.

Non seulement je vous autorise, mais je vous engage à faire de ma lettre tel usage que vous trouverez convenable.

Recevez, mon cher Barbaroux, la nouvelle assurance de mes sentimens les plus affectueux.

Signé TESTE.

Paris, 17 juillet 1838.

L. *Page* 74.

Plusieurs journaux m'ont très vivement attaqué, tant au sujet du procès en lui-même, que comme ayant concouru à l'acte d'exclusion de la colonie. Ils n'ont guère fait que paraphraser, en style plus ou moins acerbe, le *Mémoire* de M. Houat. C'est surtout le nom d'Ogé qui leur a fourni leurs plus vives personnalités. Je ne m'attacherai pas à les refuter en détail.

L'un a dit que j'avais recherché l'appui de la presse libérale. Cependant c'est la presse libérale qui m'a principalement attaqué. Je n'ai répondu à ses coups que par mon silence et n'ai fait aucune démarches pour les amortir. J'ai même retiré du *Courrier Français* une lettre que j'allais y publier.

Un autre a dit que je travaillais à me faire nommer délégué de la colonie. Je l'ai quittée volontairement et sciemment en février dernier; et l'élection des délégués devait avoir lieu en avril. Or, comme ce journal a certainement des députés parmi ses collaborateurs ou ses patrons, il devrait savoir qu'il est tout-à-fait contraire aux usages parlementaires de s'éloigner des électeurs dont on sollicite le suffrage. Il devrait savoir en outre que le retentissement de tout le débat de l'affaire des amnistiés n'arrivera à Bourbon qu'un mois ou deux après la nomination des délégués, et que les prochaines élections n'y auront lieu que dans cinq ans, ce qui exclut toute démarche électorale faite dans un but actuel.

Un autre journal dit que j'ai tenu au secret les condamnés ; nouvelle erreur. Houat et consorts ont été mis au secret par M. le juge d'instruction dès l'origine des poursuites. Il a ensuite levé le secret, et depuis que l'affaire m'a été adressée pour être soumise à la chambre d'accusation, j'affirme qu'ils n'y ont pas été mis de nouveau. Il est vrai qu'après la condamnation ils ont été enfermés dans un fort où ils ne recevaient leurs parens que tous les quinze jours. C'est à M. le directeur de l'intérieur et non à moi qu'il faudrait demander compte de cet acte. Mais, je le déclare ici, je crois avec lui que des détentionnaires ou des déportés ne peuvent pas être aussi libres dans leurs allures que des condamnés au simple emprisonnement. Du reste, Abel Salez, autre amnistié qui n'avait été condammé qu'à cette dernière peine, n'a pas subi les mêmes privations.

Une lettre insérée dans un journal impute à mes démarches intéressées le retard qu'a éprouvé la solution ministérielle relative aux amnistiés. Or voici toutes mes démarches. J'ai remis à M. le garde des sceaux, que j'ai dû voir comme procureur général, une courte note sur la question de droit du procès. Je me suis d'ailleurs abstenu de voir un grand nombre de députés, de magistrats, de fonctionnaires, d'avocats, avec lesquels j'étais autrefois en rapport, afin précisément d'éviter le reproche mal fondé que me faisait cette lettre. J'ai observé là la même réserve qu'envers la presse.

D'autres journaux m'ont peint comme un magistrat séduit par un parti opposé aux vues de la métropole : et j'ai fait connaître les combats que j'avais soutenus en l'honneur des principes ;

Comme l'ennemi de la classe de couleur : et j'ai répété ce que j'avais dit en face de la colonie ;

Comme un accusateur passionné : et j'ai montré l'hommage rendu à mon caractère ;

Comme un fils qui a laissé dégrader en lui le nom de son

père : et j'ai dit, parce que j'y étais forcé, ce que j'avais fait d'humain et d'honorable.

Après cela, je ne demande pas aux protecteurs de M. Houat la sympathie qu'ils expriment pour lui : je n'y ai pas les mêmes titres, et je ne veux flatter personne.

père : et j'ai dit, parce que j'y étais forcé, ce que j'avais fait d'humain et d'honorable.

Après cela, je ne demande pas aux protecteurs de M. Houat la sympathie qu'ils expriment pour lui : je n'y ai pas les mêmes titres, et je ne veux flatter personne.

9 782014 060966